T&P BOOKS

I0196725

DICTIONARY
THEME-BASED

British English Collection

ENGLISH
ARABIC

The most useful words
To expand your lexicon and sharpen
your language skills

5000 words

Theme-based dictionary British English-Egyptian Arabic - 5000 words
By Andrey Taranov

T&P Books vocabularies are intended for helping you learn, memorize and review foreign words. The dictionary is divided into themes, covering all major spheres of everyday activities, business, science, culture, etc.

The process of learning words using T&P Books' theme-based dictionaries gives you the following advantages:

- Correctly grouped source information predetermines success at subsequent stages of word memorization
- Availability of words derived from the same root allowing memorization of word units (rather than separate words)
- Small units of words facilitate the process of establishing associative links needed for consolidation of vocabulary
- Level of language knowledge can be estimated by the number of learned words

T&P Books Publishing
www.tpbooks.com

This book is also available in E-book formats.
Please visit www.tpbooks.com or the major online bookstores.

EGYPTIAN ARABIC THEME-BASED DICTIONARY
British English collection

T&P Books vocabularies are intended to help you learn, memorize, and review foreign words. The vocabulary contains over 5000 commonly used words arranged thematically.

- Vocabulary contains the most commonly used words
- Recommended as an addition to any language course
- Meets the needs of beginners and advanced learners of foreign languages
- Convenient for daily use, revision sessions, and self-testing activities
- Allows you to assess your vocabulary

Special features of the vocabulary

- Words are organized according to their meaning, not alphabetically
- Words are presented in three columns to facilitate the reviewing and self-testing processes
- Words in groups are divided into small blocks to facilitate the learning process
- The vocabulary offers a convenient and simple transcription of each foreign word

The vocabulary has 155 topics including:

Basic Concepts, Numbers, Colors, Months, Seasons, Units of Measurement, Clothing & Accessories, Food & Nutrition, Restaurant, Family Members, Relatives, Character, Feelings, Emotions, Diseases, City, Town, Sightseeing, Shopping, Money, House, Home, Office, Working in the Office, Import & Export, Marketing, Job Search, Sports, Education, Computer, Internet, Tools, Nature, Countries, Nationalities and more ...

TABLE OF CONTENTS

Pronunciation guide 9
Abbreviations 11

BASIC CONCEPTS 12
Basic concepts. Part 1 12

1. Pronouns 12
2. Greetings. Salutations. Farewells 12
3. How to address 13
4. Cardinal numbers. Part 1 13
5. Cardinal numbers. Part 2 14
6. Ordinal numbers 15
7. Numbers. Fractions 15
8. Numbers. Basic operations 15
9. Numbers. Miscellaneous 15
10. The most important verbs. Part 1 16
11. The most important verbs. Part 2 17
12. The most important verbs. Part 3 18
13. The most important verbs. Part 4 18
14. Colours 19
15. Questions 20
16. Prepositions 21
17. Function words. Adverbs. Part 1 21
18. Function words. Adverbs. Part 2 23

Basic concepts. Part 2 24

19. Weekdays 24
20. Hours. Day and night 24
21. Months. Seasons 25
22. Units of measurement 27
23. Containers 27

HUMAN BEING 29
Human being. The body 29

24. Head 29
25. Human body 30

Clothing & Accessories 31

26. Outerwear. Coats 31
27. Men's & women's clothing 31

28. Clothing. Underwear 32
29. Headwear 32
30. Footwear 32
31. Personal accessories 33
32. Clothing. Miscellaneous 33
33. Personal care. Cosmetics 34
34. Watches. Clocks 35

Food. Nutricion 36

35. Food 36
36. Drinks 37
37. Vegetables 38
38. Fruits. Nuts 39
39. Bread. Sweets 40
40. Cooked dishes 40
41. Spices 41
42. Meals 42
43. Table setting 42
44. Restaurant 43

Family, relatives and friends 44

45. Personal information. Forms 44
46. Family members. Relatives 44

Medicine 46

47. Diseases 46
48. Symptoms. Treatments. Part 1 47
49. Symptoms. Treatments. Part 2 48
50. Symptoms. Treatments. Part 3 49
51. Doctors 50
52. Medicine. Drugs. Accessories 50

HUMAN HABITAT 52
City 52

53. City. Life in the city 52
54. Urban institutions 53
55. Signs 54
56. Urban transport 55
57. Sightseeing 56
58. Shopping 57
59. Money 58
60. Post. Postal service 59

Dwelling. House. Home 60

61. House. Electricity 60

62. Villa. Mansion 60
63. Flat 60
64. Furniture. Interior 61
65. Bedding 62
66. Kitchen 62
67. Bathroom 63
68. Household appliances 64

HUMAN ACTIVITIES 65
Job. Business. Part 1 65

69. Office. Working in the office 65
70. Business processes. Part 1 66
71. Business processes. Part 2 67
72. Production. Works 68
73. Contract. Agreement 69
74. Import & Export 70
75. Finances 70
76. Marketing 71
77. Advertising 71
78. Banking 72
79. Telephone. Phone conversation 73
80. Mobile telephone 73
81. Stationery 74
82. Kinds of business 74

Job. Business. Part 2 77

83. Show. Exhibition 77
84. Science. Research. Scientists 78

Professions and occupations 79

85. Job search. Dismissal 79
86. Business people 79
87. Service professions 80
88. Military professions and ranks 81
89. Officials. Priests 82
90. Agricultural professions 82
91. Art professions 83
92. Various professions 83
93. Occupations. Social status 85

Education 86

94. School 86
95. College. University 87
96. Sciences. Disciplines 88
97. Writing system. Orthography 88
98. Foreign languages 89

Rest. Entertainment. Travel 91

99. Trip. Travel 91
100. Hotel 91

TECHNICAL EQUIPMENT. TRANSPORT 93
Technical equipment 93

101. Computer 93
102. Internet. E-mail 94
103. Electricity 95
104. Tools 95

Transport 98

105. Aeroplane 98
106. Train 99
107. Ship 100
108. Airport 101

Life events 103

109. Holidays. Event 103
110. Funerals. Burial 104
111. War. Soldiers 104
112. War. Military actions. Part 1 106
113. War. Military actions. Part 2 107
114. Weapons 108
115. Ancient people 110
116. Middle Ages 111
117. Leader. Chief. Authorities 112
118. Breaking the law. Criminals. Part 1 113
119. Breaking the law. Criminals. Part 2 114
120. Police. Law. Part 1 115
121. Police. Law. Part 2 116

NATURE 118
The Earth. Part 1 118

122. Outer space 118
123. The Earth 119
124. Cardinal directions 120
125. Sea. Ocean 120
126. Seas & Oceans names 121
127. Mountains 122
128. Mountains names 123
129. Rivers 123
130. Rivers names 124
131. Forest 124
132. Natural resources 125

The Earth. Part 2 127

133. Weather 127
134. Severe weather. Natural disasters 128

Fauna 129

135. Mammals. Predators 129
136. Wild animals 129
137. Domestic animals 130
138. Birds 131
139. Fish. Marine animals 133
140. Amphibians. Reptiles 133
141. Insects 134

Flora 135

142. Trees 135
143. Shrubs 135
144. Fruits. Berries 136
145. Flowers. Plants 137
146. Cereals, grains 138

COUNTRIES. NATIONALITIES 139

147. Western Europe 139
148. Central and Eastern Europe 139
149. Former USSR countries 140
150. Asia 140
151. North America 141
152. Central and South America 141
153. Africa 142
154. Australia. Oceania 142
155. Cities 142

PRONUNCIATION GUIDE

T&P phonetic alphabet	Egyptian Arabic example	English example
[a]	[ṭaffa] طفّى	shorter than in 'ask'
[ā]	[eχtār] إختار	calf, palm
[e]	[setta] ستّة	elm, medal
[i]	[minā'] ميناء	shorter than in 'feet'
[ī]	[ebrīl] إبريل	feet, meter
[o]	[oɣosṭos] أغسطس	pod, John
[ō]	[ḥalazōn] حلزون	fall, bomb
[u]	[kalkutta] كلكتا	book
[ū]	[gamūs] جاموس	fuel, tuna
[b]	[bedāya] بداية	baby, book
[d]	[sa'āda] سعادة	day, doctor
[ḍ]	[waḍ'] وضع	[d] pharyngeal
[ʒ]	[arʒantīn] الأرجنتين	forge, pleasure
[ẓ]	[ẓahar] ظهر	[z] pharyngeal
[f]	[χafīf] خفيف	face, food
[g]	[bahga] بهجة	game, gold
[h]	[ettegāh] إتّجاه	home, have
[ḥ]	[ḥabb] حبّ	[h] pharyngeal
[y]	[dahaby] ذهبي	yes, New York
[k]	[korsy] كرسي	clock, kiss
[l]	[lammaḥ] لمّح	lace, people
[m]	[marṣad] مرصد	magic, milk
[ŋ]	[ganūb] جنوب	sang, thing
[p]	[kaputʃino] كابتشينو	pencil, private
[q]	[wasaq] وثق	king, club
[r]	[roḥe] روح	rice, radio
[s]	[soχreya] سخرية	city, boss
[ṣ]	[me'ṣam] معصم	[s] pharyngeal
[ʃ]	['aʃā'] عشاء	machine, shark
[t]	[tanūb] تنوب	tourist, trip
[ṭ]	[χarīṭa] خريطة	[t] pharyngeal
[θ]	[mamūθ] ماموث	month, tooth
[v]	[vietnām] فيتنام	very, river
[w]	[wadda'] ودّع	vase, winter
[χ]	[baχīl] بخيل	as in Scots 'loch'

T&P phonetic alphabet	Egyptian Arabic example	English example
[ɣ]	**[etɣadda] إتغدّى**	between [g] and [h]
[z]	**[me'za] معزة**	zebra, please
['] (ayn)	**[sab'a] سبعة**	voiced pharyngeal fricative
['] (hamza)	**[sa'al] سأل**	glottal stop

ABBREVIATIONS
used in the dictionary

Egyptian Arabic abbreviations

du	-	plural noun (double)
f	-	feminine noun
m	-	masculine noun
pl	-	plural

English abbreviations

ab.	-	about
adj	-	adjective
adv	-	adverb
anim.	-	animate
as adj	-	attributive noun used as adjective
e.g.	-	for example
etc.	-	et cetera
fam.	-	familiar
fem.	-	feminine
form.	-	formal
inanim.	-	inanimate
masc.	-	masculine
math	-	mathematics
mil.	-	military
n	-	noun
pl	-	plural
pron.	-	pronoun
sb	-	somebody
sing.	-	singular
sth	-	something
v aux	-	auxiliary verb
vi	-	intransitive verb
vi, vt	-	intransitive, transitive verb
vt	-	transitive verb

BASIC CONCEPTS

Basic concepts. Part 1

1. Pronouns

I, me	ana	أنا
you (masc.)	enta	أنت
you (fem.)	enty	أنت
he	howwa	هو
she	hiya	هي
we	eḥna	إحنا
you (to a group)	antom	أنتم
they	hamm	هم

2. Greetings. Salutations. Farewells

Hello! (form.)	assalamu ʿalaykum!	السلام عليكم!
Good morning!	ṣabāḥ el χeyr!	صباح الخير!
Good afternoon!	neharak saʿīd!	نهارك سعيد!
Good evening!	masāʾ el χeyr!	مساء الخير!
to say hello	sallem	سلّم
Hi! (hello)	ahlan!	أهلاً!
greeting (n)	salām (m)	سلام
to greet (vt)	sallem ʿala	سلّم على
How are you?	ezzayek?	ازّيك؟
What's new?	aχbārak eyh?	أخبارك ايه؟
Bye-Bye! Goodbye!	maʿ el salāma!	مع السلامة!
See you soon!	aʃūfak orayeb!	أشوفك قريب!
Farewell!	maʿ el salāma!	مع السلامة!
to say goodbye	waddaʿ	ودّع
Cheers!	bay bay!	باي باي!
Thank you! Cheers!	ʃokran!	شكراً!
Thank you very much!	ʃokran geddan!	شكراً جداً!
My pleasure!	el ʿafw	العفو
Don't mention it!	la ʃokr ʿala wāgeb	لا شكر على واجب
It was nothing	el ʿafw	العفو
Excuse me! (fam.)	ʿan eznak!	عن إذنك!
Excuse me! (form.)	baʿd ezn ḥadretak!	بعد إذن حضرتك!
to excuse (forgive)	ʿazar	عذر
to apologize (vi)	eʿtazar	أعتذر

My apologies	ana 'āsef	أنا آسف
I'm sorry!	ana 'āsef!	أنا آسف!
to forgive (vt)	ʿafa	عفا
please (adv)	men faḍlak	من فضلك
Don't forget!	ma tensāʃ!	ما تنساش!
Certainly!	ṭabʿan!	طبعاً!
Of course not!	la' ṭabʿan!	لأ طبعاً!
Okay! (I agree)	ettafa'na!	إتّفقنا!
That's enough!	kefāya!	كفاية!

3. How to address

mister, sir	ya ostāz	يا أستاذ
madam	ya madām	يا مدام
miss	ya 'ānesa	يا آنسة
young man	ya ostāz	يا أستاذ
young man (little boy)	yabny	يا ابني
miss (little girl)	ya benty	يا بنتي

4. Cardinal numbers. Part 1

0 zero	ṣefr	صفر
1 one	wāḥed	واحد
1 one (fem.)	waḥda	واحدة
2 two	etneyn	إتنين
3 three	talāta	ثلاثة
4 four	arbaʿa	أربعة
5 five	χamsa	خمسة
6 six	setta	ستّة
7 seven	sabʿa	سبعة
8 eight	tamanya	ثمانية
9 nine	tesʿa	تسعة
10 ten	ʿaʃara	عشرة
11 eleven	ḥedāʃar	حداشر
12 twelve	etnāʃar	إتناشر
13 thirteen	talattāʃar	تلاتّاشر
14 fourteen	arbaʿtāʃer	أربعتاشر
15 fifteen	χamastāʃer	خمستاشر
16 sixteen	settāʃar	ستّاشر
17 seventeen	sabaʿtāʃar	سبعتاشر
18 eighteen	tamantāʃar	تمنتاشر
19 nineteen	tesʿatāʃar	تسعتاشر
20 twenty	ʿeʃrīn	عشرين
21 twenty-one	wāḥed we ʿeʃrīn	واحد وعشرين
22 twenty-two	etneyn we ʿeʃrīn	إتنين وعشرين
23 twenty-three	talāta we ʿeʃrīn	ثلاثة وعشرين
30 thirty	talatīn	ثلاثين

31 thirty-one	wāḥed we talatīn	واحد وتلاتين
32 thirty-two	etneyn we talatīn	إتنين وتلاتين
33 thirty-three	talāta we talatīn	ثلاثة وثلاثين
40 forty	arbeʿīn	أربعين
41 forty-one	wāḥed we arbeʿīn	واحد وأربعين
42 forty-two	etneyn we arbeʿīn	إتنين وأربعين
43 forty-three	talāta we arbeʿīn	ثلاثة وأربعين
50 fifty	χamsīn	خمسين
51 fifty-one	wāḥed we χamsīn	واحد وخمسين
52 fifty-two	etneyn we χamsīn	إتنين وخمسين
53 fifty-three	talāta we χamsīn	ثلاثة وخمسين
60 sixty	settīn	ستّين
61 sixty-one	wāḥed we settīn	واحد وستّين
62 sixty-two	etneyn we settīn	إتنين وستّين
63 sixty-three	talāta we settīn	ثلاثة وستّين
70 seventy	sabʿīn	سبعين
71 seventy-one	wāḥed we sabʿīn	واحد وسبعين
72 seventy-two	etneyn we sabʿīn	إتنين وسبعين
73 seventy-three	talāta we sabʿīn	ثلاثة وسبعين
80 eighty	tamanīn	ثمانين
81 eighty-one	wāḥed we tamanīn	واحد وتمانين
82 eighty-two	etneyn we tamanīn	إتنين وتمانين
83 eighty-three	talāta we tamanīn	ثلاثة وثمانين
90 ninety	tesʿīn	تسعين
91 ninety-one	wāḥed we tesʿīn	واحد وتسعين
92 ninety-two	etneyn we tesʿīn	إتنين وتسعين
93 ninety-three	talāta we tesʿīn	ثلاثة وتسعين

5. Cardinal numbers. Part 2

100 one hundred	miya	ميّة
200 two hundred	meteyn	ميتين
300 three hundred	toltomiya	تلتميّة
400 four hundred	robʿomiya	ربعميّة
500 five hundred	χomsomiya	خمسميّة
600 six hundred	sotomiya	ستميّة
700 seven hundred	sobʿomiya	سبعميّة
800 eight hundred	tomnomeʾa	ثمنمئة
900 nine hundred	tosʿomiya	تسعميّة
1000 one thousand	alf	ألف
2000 two thousand	alfeyn	ألفين
3000 three thousand	talat ʾālāf	ثلاث آلاف
10000 ten thousand	ʿaʃaret ʾālāf	عشرة آلاف
one hundred thousand	mīt alf	ميت ألف
million	millyon (m)	مليون
billion	millyār (m)	مليار

6. Ordinal numbers

first (adj)	awwel	أوّل
second (adj)	tāny	ثاني
third (adj)	tālet	ثالث
fourth (adj)	rābeʿ	رابع
fifth (adj)	χāmes	خامس
sixth (adj)	sādes	سادس
seventh (adj)	sābeʿ	سابع
eighth (adj)	tāmen	ثامن
ninth (adj)	tāseʿ	تاسع
tenth (adj)	ʿāʃer	عاشر

7. Numbers. Fractions

fraction	kasr (m)	كسر
one half	noṣṣ	نصّ
one third	telt	ثلث
one quarter	robʿ	ربع
one eighth	tomn	تمن
one tenth	ʿoʃr	عشر
two thirds	teleyn	تلتين
three quarters	talātet arbāʿ	ثلاثة أرباع

8. Numbers. Basic operations

subtraction	ṭarḥ (m)	طرح
to subtract (vi, vt)	ṭaraḥ	طرح
division	ʾesma (f)	قسمة
to divide (vt)	ʾasam	قسم
addition	gamʿ (m)	جمع
to add up (vt)	gamaʿ	جمع
to add (vi)	gamaʿ	جمع
multiplication	ḍarb (m)	ضرب
to multiply (vt)	ḍarab	ضرب

9. Numbers. Miscellaneous

digit, figure	raqam (m)	رقم
number	ʿadad (m)	عدد
numeral	ʿadady (m)	عددي
minus sign	nāʾeṣ (m)	ناقص
plus sign	zāʾed (m)	زائد
formula	moʿadla (f)	معادلة
calculation	ḥesāb (m)	حساب
to count (vi, vt)	ʿadd	عدّ

to count up	ḥasab	حسب
to compare (vt)	qāran	قارن
How much?	kām?	كام؟
sum, total	magmūʿ (m)	مجموع
result	natīga (f)	نتيجة
remainder	bāʾy (m)	باقي
a few (e.g., ~ years ago)	kām	كام
little (I had ~ time)	ʃewaya	شوية
the rest	el bāʾy (m)	الباقي
one and a half	wāḥed w noṣṣ (m)	واحد ونصّ
dozen	desta (f)	دستة
in half (adv)	le noṣṣeyn	لنصّين
equally (evenly)	bel tasāwy	بالتساوى
half	noṣṣ (m)	نصّ
time (three ~s)	marra (f)	مرّة

10. The most important verbs. Part 1

to advise (vt)	naṣaḥ	نصح
to agree (say yes)	ettafaʾ	إتّفق
to answer (vi, vt)	gāwab	جاوب
to apologize (vi)	eʿtazar	إعتذر
to arrive (vi)	weṣel	وصل
to ask (~ oneself)	saʾal	سأل
to ask (~ sb to do sth)	ṭalab	طلب
to be (vi)	kān	كان
to be afraid	χāf	خاف
to be hungry	ʿāyez ʾākol	عايز آكل
to be interested in ...	ehtamm be	إهتمّ بـ
to be needed	maṭlūb	مطلوب
to be surprised	etfāgeʾ	إتفاجئ
to be thirsty	ʿāyez aʃrab	عايز أشرب
to begin (vt)	badaʾ	بدأ
to belong to ...	χaṣṣ	خصّ
to boast (vi)	tabāha	تباهى
to break (split into pieces)	kasar	كسر
to call (~ for help)	estaɣās	إستغاث
can (v aux)	ʾeder	قدر
to catch (vt)	mesek	مسك
to change (vt)	ɣayar	غيّر
to choose (select)	eχtār	إختار
to come down (the stairs)	nezel	نزل
to compare (vt)	qāran	قارن
to complain (vi, vt)	ʃaka	شكا
to confuse (mix up)	etlaχbaṭ	إتلخبط
to continue (vt)	wāṣel	واصل

to control (vt)	et-ḥakkem	إتحكّم
to cook (dinner)	ḥaḍḍar	حضّر
to cost (vt)	kallef	كلّف
to count (add up)	ʿadd	عدّ
to count on …	eʿtamad ʿala …	إعتمد على…
to create (vt)	ʿamal	عمل
to cry (weep)	baka	بكى

11. The most important verbs. Part 2

to deceive (vi, vt)	χadaʿ	خدع
to decorate (tree, street)	zayen	زيّن
to defend (a country, etc.)	dāfaʿ	دافع
to demand (request firmly)	ṭāleb	طالب
to dig (vt)	ḥafar	حفر
to discuss (vt)	nāʾeʃ	ناقش
to do (vt)	ʿamal	عمل
to doubt (have doubts)	ʃakk fe	شكّ في
to drop (let fall)	waʾʾaʿ	وقّع
to enter (room, house, etc.)	daχal	دخل
to exist (vi)	kān mawgūd	كان موّجود
to expect (foresee)	tanabbaʾ	تنبّأ
to explain (vt)	ʃarah	شرح
to fall (vi)	weʾeʿ	وقع
to fancy (vt)	ʿagab	عجب
to find (vt)	laʾa	لقي
to finish (vt)	χallaṣ	خلّص
to fly (vi)	ṭār	طار
to follow … (come after)	tatabbaʿ	تتبّع
to forget (vi, vt)	nesy	نسي
to forgive (vt)	ʿafa	عفا
to give (vt)	edda	إدّى
to give a hint	edda lamḥa	إدّى لمحة
to go (on foot)	meʃy	مشى
to go for a swim	sebeḥ	سبح
to go out (for dinner, etc.)	χarag	خرج
to guess (the answer)	χammen	خمّن
to have (vt)	malak	ملك
to have breakfast	feṭer	فطر
to have dinner	etʿasʃa	إتعشّى
to have lunch	etɣadda	إتغدّى
to hear (vt)	semeʿ	سمع
to help (vt)	sāʿed	ساعد
to hide (vt)	χabba	خبّأ
to hope (vi, vt)	tamanna	تمنّى
to hunt (vi, vt)	eṣṭād	اصطاد
to hurry (vi)	estaʿgel	إستعجل

12. The most important verbs. Part 3

to inform (vt)	'āl ly	قال لِي
to insist (vi, vt)	aṣarr	أصرِ
to insult (vt)	ahān	أهان
to invite (vt)	'azam	عزِم
to joke (vi)	hazzar	هزر
to keep (vt)	ḥafaẓ	حفظ
to keep silent, to hush	seket	سكت
to kill (vt)	'atal	قتل
to know (sb)	'eref	عرف
to know (sth)	'eref	عرف
to laugh (vi)	deḥek	ضحك
to liberate (city, etc.)	ḥarrar	حرّر
to look for ... (search)	dawwar 'ala	دوّرِ على
to love (sb)	ḥabb	حبّ
to make a mistake	ɣeleṭ	غلط
to manage, to run	adār	أدار
to mean (signify)	'aṣad	قصد
to mention (talk about)	zakar	ذكر
to miss (school, etc.)	ɣāb	غاب
to notice (see)	lāḥaẓ	لاحظ
to object (vi, vt)	e'taraḍ	إعترض
to observe (see)	rāqab	راقب
to open (vt)	fataḥ	فتح
to order (meal, etc.)	ṭalab	طلب
to order (mil.)	amar	أمر
to own (possess)	malak	ملك
to participate (vi)	ʃārek	شارك
to pay (vi, vt)	dafa'	دفع
to permit (vt)	samaḥ	سمح
to plan (vt)	xaṭṭeṭ	خطّط
to play (children)	le'eb	لعب
to pray (vi, vt)	ṣalla	صلّى
to prefer (vt)	faḍḍal	فضّل
to promise (vt)	wa'ad	وعد
to pronounce (vt)	naṭa'	نطق
to propose (vt)	'araḍ	عرض
to punish (vt)	'āqab	عاقب

13. The most important verbs. Part 4

to read (vi, vt)	'ara	قرأ
to recommend (vt)	naṣaḥ	نصح
to refuse (vi, vt)	rafaḍ	رفض
to regret (be sorry)	nedem	ندم
to rent (sth from sb)	est'gar	إستأجر

to repeat (say again)	karrar	كرّر
to reserve, to book	ḥagaz	حجز
to run (vi)	gery	جري
to save (rescue)	anqaz	أنقذ
to say (~ thank you)	ʾāl	قال
to scold (vt)	wabbeχ	وبّخ
to see (vt)	ʃāf	شاف
to sell (vt)	bāʿ	باع
to send (vt)	arsal	أرسل
to shoot (vi)	ḍarab bel nār	ضرب بالنار
to shout (vi)	ṣarraχ	صرّخ
to show (vt)	warra	ورّى
to sign (document)	waqqaʿ	وقّع
to sit down (vi)	ʾaʿad	قعد
to smile (vi)	ebtasam	إبتسم
to speak (vi, vt)	kallem	كلّم
to steal (money, etc.)	saraʾ	سرق
to stop (for pause, etc.)	waʾʾaf	وقّف
to stop (please ~ calling me)	baṭṭal	بطّل
to study (vt)	daras	درس
to swim (vi)	ʿām	عام
to take (vt)	aχad	أخد
to think (vi, vt)	fakkar	فكّر
to threaten (vt)	hadded	هدّد
to touch (with hands)	lamas	لمس
to translate (vt)	targem	ترجم
to trust (vt)	wasaq	وثق
to try (attempt)	ḥāwel	حاول
to turn (e.g., ~ left)	ḥād	حاد
to underestimate (vt)	estaχaff	إستخفّ
to understand (vt)	fehem	فهم
to unite (vt)	waḥḥed	وحّد
to wait (vt)	estanna	إستنّى
to want (wish, desire)	ʿāyez	عايز
to warn (vt)	ḥazzar	حذّر
to work (vi)	eʃtaɣal	إشتغل
to write (vt)	katab	كتب
to write down	katab	كتب

14. Colours

colour	lone (m)	لون
shade (tint)	daraget el lōn (m)	درجة اللون
hue	ṣabɣet lōn (f)	صبغة اللون
rainbow	qose qozaḥ (m)	قوس قزح
white (adj)	abyaḍ	أبيض
black (adj)	aswad	أسود

grey (adj)	romādy	رمادي
green (adj)	aχdar	أخضر
yellow (adj)	aṣfar	أصفر
red (adj)	aḥmar	أحمر
blue (adj)	azra'	أزرق
light blue (adj)	azra' fāteḥ	أزرق فاتح
pink (adj)	wardy	وردي
orange (adj)	bortoqāly	برتقاليّ
violet (adj)	banaffsegy	بنفسجي
brown (adj)	bonny	بنّي
golden (adj)	dahaby	ذهبي
silvery (adj)	feḍḍy	فضّي
beige (adj)	bɛ:ʒ	بيج
cream (adj)	ʿāgy	عاجيّ
turquoise (adj)	fayrūzy	فيروزي
cherry red (adj)	aḥmar karazy	أحمر كرزي
lilac (adj)	laylaky	ليّلكي
crimson (adj)	qormozy	قرمزي
light (adj)	fāteḥ	فاتح
dark (adj)	ɣāme'	غامق
bright, vivid (adj)	zāhy	زاهي
coloured (pencils)	melawwen	ملوّن
colour (e.g. ~ film)	melawwen	ملوّن
black-and-white (adj)	abyaḍ we aswad	أبيض وأسوّد
plain (one-coloured)	sāda	سادة
multicoloured (adj)	motaʿadded el alwān	متعدّد الألوان

15. Questions

Who?	mīn?	مين؟
What?	eyh?	ايه؟
Where? (at, in)	feyn?	فين؟
Where (to)?	feyn?	فين؟
From where?	meneyn?	منين؟
When?	emta	امتى؟
Why? (What for?)	ʿaʃān eyh?	عشان ايه؟
Why? (~ are you crying?)	leyh?	ليه؟
What for?	l eyh?	لـ ليه؟
How? (in what way)	ezāy?	إزاي؟
What? (What kind of ...?)	eyh?	ايه؟
Which?	ayī?	أيّ؟
To whom?	le mīn?	لمين؟
About whom?	ʿan mīn?	عن مين؟
About what?	ʿan eyh?	عن ايه؟
With whom?	maʿ mīn?	مع مين؟
How many? How much?	kām?	كام؟
Whose?	betāʿet mīn?	بتاعت مين؟

16. Prepositions

with (accompanied by)	maʿ	مع
without	men ɣeyr	من غير
to (indicating direction)	ela	إلى
about (talking ~ …)	ʿan	عن
before (in time)	ʾabl	قبل
in front of …	ʾoddām	قدّام
under (beneath, below)	taḥt	تحت
above (over)	foʾe	فوق
on (atop)	ʿala	على
from (off, out of)	men	من
of (made from)	men	من
in (e.g. ~ ten minutes)	baʿd	بعد
over (across the top of)	men ʿala	من على

17. Function words. Adverbs. Part 1

Where? (at, in)	feyn?	فين؟
here (adv)	hena	هنا
there (adv)	henāk	هناك
somewhere (to be)	fe makānen ma	في مكان ما
nowhere (not in any place)	meʃ fi ayī makān	مش في أيّ مكان
by (near, beside)	ganb	جنب
by the window	ganb el ʃebbāk	جنب الشبّاك
Where (to)?	feyn?	فين؟
here (e.g. come ~!)	hena	هنا
there (e.g. to go ~)	henāk	هناك
from here (adv)	men hena	من هنا
from there (adv)	men henāk	من هناك
close (adv)	ʾarīb	قريب
far (adv)	beʿīd	بعيد
near (e.g. ~ Paris)	ʿand	عند
nearby (adv)	ʾarīb	قريب
not far (adv)	meʃ beʿīd	مش بعيد
left (adj)	el ʃemāl	الشمال
on the left	ʿalal ʃemāl	على الشمال
to the left	lel ʃemāl	للشمال
right (adj)	el yemīn	اليمين
on the right	ʿalal yemīn	على اليمين
to the right	lel yemīn	لليمين
in front (adv)	ʾoddām	قدّام
front (as adj)	amāmy	أمامي

ahead (the kids ran ~)	ela el amām	إلى الأمام
behind (adv)	wara'	وراء
from behind	men wara	من وّرا
back (towards the rear)	le wara	لوّرا
middle	wasaṭ (m)	وسط
in the middle	fel wasat	في الوسط
at the side	'ala ganb	على جنب
everywhere (adv)	fe kol makān	في كل مكان
around (in all directions)	ḥawaleyn	حوالين
from inside	men gowwah	من جوّه
somewhere (to go)	le 'ayī makān	لأي مكان
straight (directly)	'ala ṭūl	على طول
back (e.g. come ~)	rogū'	رجوع
from anywhere	men ayī makān	من أيّ مكان
from somewhere	men makānen mā	من مكان ما
firstly (adv)	awwalan	أوّلاً
secondly (adv)	sāneyan	ثانياً
thirdly (adv)	sālesan	ثالثاً
suddenly (adv)	fag'a	فجأة
at first (in the beginning)	fel bedāya	في البداية
for the first time	le 'awwel marra	لأوّل مرّة
long before ...	'abl ... be modda ṭawīla	قبل... بمدة طويلة
anew (over again)	men gedīd	من جديد
for good (adv)	lel abad	للأبد
never (adv)	abadan	أبداً
again (adv)	tāny	تاني
now (at present)	delwa'ty	دلوقتي
often (adv)	ketīr	كثير
then (adv)	wa'taha	وقتها
urgently (quickly)	'ala ṭūl	على طول
usually (adv)	'ādatan	عادةً
by the way, ...	'ala fekra ...	على فكرة...
possibly	momken	ممكن
probably (adv)	momken	ممكن
maybe (adv)	momken	ممكن
besides ...	bel eḍāfa ela ...	بالإضافة إلى...
that's why ...	'aʃān keda	عشان كده
in spite of ...	bel raɣm men ...	بالرغم من...
thanks to ...	be faḍl ...	بفضل...
what (pron.)	elly	إللي
that (conj.)	ennu	إنّه
something	ḥāga (f)	حاجة
anything (something)	ayī ḥāga (f)	أيّ حاجة
nothing	wala ḥāga	ولا حاجة
who (pron.)	elly	إللي
someone	ḥadd	حد

somebody	ḥadd	حدّ
nobody	wala ḥadd	ولا حدّ
nowhere (a voyage to ~)	meʃ le wala makān	مش لـ ولا مكان
nobody's	wala ḥadd	ولا حدّ
somebody's	le ḥadd	لحدّ
so (I'm ~ glad)	geddan	جداً
also (as well)	kamān	كمان
too (as well)	kamān	كمان

18. Function words. Adverbs. Part 2

Why?	leyh?	ليه؟
for some reason	le sabeben ma	لسبب ما
because ...	ʿaʃān ...	... عشان
for some purpose	le hadafen mā	لهدف ما
and	w	و
or	walla	ولّا
but	bass	بسّ
for (e.g. ~ me)	ʿaʃān	عشان
too (excessively)	ketīr geddan	كتير جدّاً
only (exclusively)	bass	بسّ
exactly (adv)	bel ḍabṭ	بالضبط
about (more or less)	naḥw	نحو
approximately (adv)	naḥw	نحو
approximate (adj)	taqrīby	تقريبي
almost (adv)	ta'rīban	تقريباً
the rest	el bā'y (m)	الباقي
each (adj)	koll	كلّ
any (no matter which)	ayī	أيّ
many, much (a lot of)	ketīr	كتير
many people	nās ketīr	ناس كتير
all (everyone)	koll el nās	كلّ الناس
in return for ...	fi moqābel ...	... في مقابل
in exchange (adv)	fe moqābel	في مقابل
by hand (made)	bel yad	باليد
hardly (negative opinion)	bel kād	بالكاد
probably (adv)	momken	ممكن
on purpose (intentionally)	bel 'aṣd	بالقصد
by accident (adv)	bel ṣodfa	بالصدفة
very (adv)	'awy	قوّي
for example (adv)	masalan	مثلاً
between	beyn	بين
among	wesṭ	وسط
so much (such a lot)	ketīr	كتير
especially (adv)	χāṣṣa	خاصّة

Basic concepts. Part 2

19. Weekdays

Monday	el etneyn (m)	الإتنين
Tuesday	el talāt (m)	التلات
Wednesday	el arbe'ā' (m)	الأربعاء
Thursday	el χamīs (m)	الخميس
Friday	el gom'a (m)	الجمعة
Saturday	el sabt (m)	السبت
Sunday	el aḥad (m)	الأحد
today (adv)	el naharda	النهارده
tomorrow (adv)	bokra	بكرة
the day after tomorrow	ba'd bokra (m)	بعد بكرة
yesterday (adv)	embāreḥ	امبارح
the day before yesterday	awwel embāreḥ	أوّل امبارح
day	yome (m)	يوم
working day	yome 'amal (m)	يوم عمل
public holiday	agāza rasmiya (f)	أجازة رسميّة
day off	yome el agāza (m)	يوم أجازة
weekend	nehāyet el osbū' (f)	نهاية الأسبوع
all day long	ṭūl el yome	طول اليوم
the next day (adv)	fel yome elly ba'dīh	في اليوم اللي بعديه
two days ago	men yomeyn	من يومين
the day before	fel yome elly 'ablo	في اليوم اللي قبله
daily (adj)	yawmy	يومي
every day (adv)	yawmiyan	يومياً
week	osbū' (m)	أسبوع
last week (adv)	el esbū' elly fāt	الأسبوع اللي فات
next week (adv)	el esbū' elly gayī	الأسبوع اللي جاي
weekly (adj)	osbū'y	أسبوعي
every week (adv)	osbū'iyan	أسبوعياً
twice a week	marreteyn fel osbū'	مرّتين في الأسبوع
every Tuesday	koll solasā'	كلّ ثلاثاء

20. Hours. Day and night

morning	ṣobḥ (m)	صبح
in the morning	fel ṣobḥ	في الصبح
noon, midday	ẓohr (m)	ظهر
in the afternoon	ba'd el ḍohr	بعد الظهر
evening	leyl (m)	ليل
in the evening	bel leyl	بالليل

night	leyl (m)	ليل
at night	bel leyl	بالليل
midnight	noṣṣ el leyl (m)	نصّ الليل
second	sanya (f)	ثانية
minute	deʾīʾa (f)	دقيقة
hour	sāʿa (f)	ساعة
half an hour	noṣṣ sāʿa (m)	نصّ ساعة
a quarter-hour	robʿ sāʿa (f)	ربع ساعة
fifteen minutes	χamastāʃer deʾīʾa	خمستاشر دقيقة
24 hours	arbaʿa we ʿeʃrīn sāʿa	أربعة وعشرين ساعة
sunrise	ʃorūʾ el ʃams (m)	شروق الشمس
dawn	fagr (m)	فجر
early morning	ṣobḥ badry (m)	صبح بدري
sunset	ɣorūb el ʃams (m)	غروب الشمس
early in the morning	el ṣobḥ badry	الصبح بدري
this morning	el naharda el ṣobḥ	النهاردة الصبح
tomorrow morning	bokra el ṣobḥ	بكرة الصبح
this afternoon	el naharda baʿd el ḍohr	النهاردة بعد الظهر
in the afternoon	baʿd el ḍohr	بعد الظهر
tomorrow afternoon	bokra baʿd el ḍohr	بكرة بعد الظهر
tonight (this evening)	el naharda bel leyl	النهاردة بالليل
tomorrow night	bokra bel leyl	بكرة بالليل
at 3 o'clock sharp	es sāʿa talāta bel ḍabṭ	الساعة تلاتة بالضبط
about 4 o'clock	es sāʿa arbaʿa taʾrīban	الساعة أربعة تقريبا
by 12 o'clock	ḥatt es sāʿa etnāʃar	حتى الساعة إتناشر
in 20 minutes	fe χelāl ʿeʃrīn deʿeeʿa	في خلال عشرين دقيقة
in an hour	fe χelāl sāʿa	في خلال ساعة
on time (adv)	fe mawʿedo	في موعده
a quarter to ...	ella robʿ	إلّا ربع
within an hour	χelāl sāʿa	خلال ساعة
every 15 minutes	koll robʿ sāʿa	كلّ ربع ساعة
round the clock	leyl nahār	ليل نهار

21. Months. Seasons

January	yanāyer (m)	يناير
February	febrāyer (m)	فبراير
March	māres (m)	مارس
April	ebrīl (m)	إبريل
May	māyo (m)	مايو
June	yonyo (m)	يونيو
July	yolyo (m)	يوليو
August	oɣosṭos (m)	أغسطس
September	sebtamber (m)	سبتمبر
October	oktober (m)	أكتوبر
November	november (m)	نوفمبر

December	desember (m)	ديسمبر
spring	rabeeʿ (m)	ربيع
in spring	fel rabeeʿ	في الربيع
spring (as adj)	rabeeʿy	ربيعي
summer	ṣeyf (m)	صيف
in summer	fel ṣeyf	في الصيف
summer (as adj)	ṣeyfy	صيفي
autumn	χarīf (m)	خريف
in autumn	fel χarīf	في الخريف
autumn (as adj)	χarīfy	خريفي
winter	ʃetāʾ (m)	شتاء
in winter	fel ʃetāʾ	في الشتاء
winter (as adj)	ʃetwy	شتوي
month	ʃahr (m)	شهر
this month	fel ʃahr da	في الشهر ده
next month	el ʃahr el gayī	الشهر الجايّ
last month	el ʃahr elly fāt	الشهر اللي فات
a month ago	men ʃahr	من شهر
in a month (a month later)	baʿd ʃahr	بعد شهر
in 2 months (2 months later)	baʿd ʃahreyn	بعد شهرين
the whole month	el ʃahr kollo	الشهر كلّه
all month long	ṭawāl el ʃahr	طوال الشهر
monthly (~ magazine)	ʃahry	شهري
monthly (adv)	ʃahry	شهري
every month	koll ʃahr	كلّ شهر
twice a month	marreteyn fel ʃahr	مرّتين في الشهر
year	sana (f)	سنة
this year	el sana di	السنة دي
next year	el sana el gaya	السنة الجايّة
last year	el sana elly fātet	السنة اللي فاتت
a year ago	men sana	من سنة
in a year	baʿd sana	بعد سنة
in two years	baʿd sanateyn	بعد سنتين
the whole year	el sana kollaha	السنة كلّها
all year long	ṭūl el sana	طول السنة
every year	koll sana	كلّ سنة
annual (adj)	sanawy	سنوّي
annually (adv)	koll sana	كلّ سنة
4 times a year	arbaʿ marrāt fel sana	أربع مرات في السنة
date (e.g. today's ~)	tarīχ (m)	تاريخ
date (e.g. ~ of birth)	tarīχ (m)	تاريخ
calendar	natīga (f)	نتيجة
half a year	noṣṣ sana	نصّ سنة
six months	settet aʃ-hor (f)	ستّة أشهر
season (summer, etc.)	faṣl (m)	فصل
century	qarn (m)	قرن

22. Units of measurement

weight	wazn (m)	وزن
length	ṭūl (m)	طول
width	'arḍ (m)	عرض
height	ertefā' (m)	إرتفاع
depth	'omq (m)	عمق
volume	ḥagm (m)	حجم
area	mesāḥa (f)	مساحة
gram	gram (m)	جرام
milligram	milligrām (m)	ملّيغرام
kilogram	kilogrām (m)	كيلوغرام
ton	ṭenn (m)	طنّ
pound	reṭl (m)	رطل
ounce	onṣa (f)	أونصة
metre	metr (m)	متر
millimetre	millimetr (m)	ملّيمتر
centimetre	santimetr (m)	سنتيمتر
kilometre	kilometr (m)	كيلومتر
mile	mīl (m)	ميل
inch	boṣa (f)	بوصة
foot	'adam (m)	قدم
yard	yarda (f)	ياردة
square metre	metr morabba' (m)	متر مربّع
hectare	hektār (m)	هكتار
litre	litre (m)	لتر
degree	daraga (f)	درجة
volt	volt (m)	فولت
ampere	ambere (m)	أمبير
horsepower	ḥoṣān (m)	حصان
quantity	kemiya (f)	كميّة
a little bit of …	ʃewayet …	شويّة...
half	noṣṣ (m)	نصّ
dozen	desta (f)	دستة
piece (item)	waḥda (f)	وحدة
size	ḥagm (m)	حجم
scale (map ~)	me'yās (m)	مقياس
minimal (adj)	el adna	الأدنى
the smallest (adj)	el aṣɣar	الأصغر
medium (adj)	motawasseṭ	متوّسط
maximal (adj)	el aqṣa	الأقصى
the largest (adj)	el akbar	الأكبر

23. Containers

canning jar (glass ~)	barṭamān (m)	برطمان
tin, can	kanz (m)	كانز

bucket	gardal (m)	جردل
barrel	barmīl (m)	برميل
wash basin (e.g., plastic ~)	ḥoḍe lel ɣasīl (m)	حوض للغسيل
tank (100L water ~)	χazzān (m)	خزّان
hip flask	zamzamiya (f)	زمزميّة
jerrycan	ʒerken (m)	جركن
tank (e.g., tank car)	χazzān (m)	خزّان
mug	mugg (m)	ماجّ
cup (of coffee, etc.)	fengān (m)	فنجان
saucer	ṭaba' fengān (m)	طبق فنجان
glass (tumbler)	kobbāya (f)	كوبّاية
wine glass	kāsa (f)	كاسة
stock pot (soup pot)	ḥalla (f)	حلّة
bottle (~ of wine)	ezāza (f)	إزازة
neck (of the bottle, etc.)	'onq (m)	عنق
carafe (decanter)	dawra' zogāgy (m)	دوّرق زجاجي
pitcher	ebrī' (m)	إبريق
vessel (container)	we'ā' (m)	وعاء
pot (crock, stoneware ~)	aṣīṣ (m)	أصيص
vase	vāza (f)	فازة
flacon, bottle (perfume ~)	ezāza (f)	إزازة
vial, small bottle	ezāza (f)	إزازة
tube (of toothpaste)	anbūba (f)	أنبوبة
sack (bag)	kīs (m)	كيس
bag (paper ~, plastic ~)	kīs (m)	كيس
packet (of cigarettes, etc.)	'elba (f)	علبة
box (e.g. shoebox)	'elba (f)	علبة
crate	ṣandū' (m)	صندوق
basket	salla (f)	سلّة

HUMAN BEING

Human being. The body

24. Head

head	ra'ʼs (m)	رأس
face	weʃ (m)	وش
nose	manaχīr (m)	مناخير
mouth	boʼ (m)	بوء
eye	ʻeyn (f)	عين
eyes	ʻoyūn (pl)	عيون
pupil	ḥadʼa (f)	حدقة
eyebrow	ḥāgeb (m)	حاجب
eyelash	remʃ (m)	رمش
eyelid	gefn (m)	جفن
tongue	lesān (m)	لسان
tooth	senna (f)	سنّة
lips	ʃafāyef (pl)	شفايف
cheekbones	ʻaḍmet el χadd (f)	عضمة الخدّ
gum	lassa (f)	لثّة
palate	ḥanak (m)	حنك
nostrils	manaχer (pl)	مناخر
chin	daʼʼn (m)	دقن
jaw	fakk (m)	فكّ
cheek	χadd (m)	خدّ
forehead	gabha (f)	جبهة
temple	ṣedɣ (m)	صدغ
ear	wedn (f)	ودن
back of the head	ʼafa (m)	قفا
neck	raʼaba (f)	رقبة
throat	zore (m)	زور
hair	ʃaʻr (m)	شعر
hairstyle	tasrīḥa (f)	تسريحة
haircut	tasrīḥa (f)	تسريحة
wig	barūka (f)	باروكة
moustache	ʃanab (pl)	شنب
beard	leḥya (f)	لحية
to have (a beard, etc.)	ʻando	عنده
plait	ḍefīra (f)	ضفيرة
sideboards	sawālef (pl)	سوالف
red-haired (adj)	aḥmar el ʃaʻr	أحمر الشعر
grey (hair)	ʃaʻr abyaḍ	شعر أبيض

bald (adj)	aṣlaʿ	أصلع
bald patch	ṣalaʿ (m)	صلع
ponytail	deyl ḥoṣān (m)	ديل حصان
fringe	ʾoṣṣa (f)	قصّة

25. Human body

hand	yad (m)	يد
arm	derāʿ (f)	دراع
finger	ṣobāʿ (m)	صباع
toe	ṣobāʿ el ʾadam (m)	صباع القدم
thumb	ebhām (m)	إبهام
little finger	χonṣor (m)	خنصر
nail	ḍefr (m)	ضفر
fist	qabḍa (f)	قبضة
palm	kaff (f)	كفّ
wrist	meʿṣam (m)	معصم
forearm	sāʿed (m)	ساعد
elbow	kūʿ (m)	كوع
shoulder	ketf (f)	كتف
leg	regl (f)	رجل
foot	qadam (f)	قدم
knee	rokba (f)	ركبة
calf	semmāna (f)	سمّانة
hip	faχd (f)	فخد
heel	kaʿb (m)	كعب
body	gesm (m)	جسم
stomach	baṭn (m)	بطن
chest	ṣedr (m)	صدر
breast	sady (m)	ثدي
flank	ganb (m)	جنب
back	ḍahr (m)	ضهر
lower back	asfal el ḍahr (m)	أسفل الضهر
waist	wesṭ (f)	وسط
navel (belly button)	sorra (f)	سرّة
buttocks	ardāf (pl)	أرداف
bottom	debr (m)	دبر
beauty spot	ʃāma (f)	شامة
birthmark (café au lait spot)	waḥma	وحمة
tattoo	waʃm (m)	وشم
scar	nadba (f)	ندبة

Clothing & Accessories

26. Outerwear. Coats

clothes	malābes (pl)	ملابس
outerwear	malābes fo'aniya (pl)	ملابس فوقانيّة
winter clothing	malābes ʃetwiya (pl)	ملابس شتويّة
coat (overcoat)	balṭo (m)	بالطو
fur coat	balṭo farww (m)	بالطو فروّ
fur jacket	ʒaket farww (m)	جاكيت فروّ
down coat	balṭo maḥʃy rīʃ (m)	بالطو محشي ريش
jacket (e.g. leather ~)	ʒæket (m)	جاكيت
raincoat (trenchcoat, etc.)	ʒæket lel maṭar (m)	جاكيت للمطر
waterproof (adj)	wāqy men el maya	واقي من الميّة

27. Men's & women's clothing

shirt (button shirt)	'amīṣ (m)	قميص
trousers	banṭalone (f)	بنطلون
jeans	ʒeans (m)	جينز
suit jacket	ʒæket (f)	جاكت
suit	badla (f)	بدلة
dress (frock)	fostān (m)	فستان
skirt	ʒība (f)	جيبة
blouse	bloza (f)	بلوزة
knitted jacket (cardigan, etc.)	kardigan (m)	كارديجن
jacket (of a woman's suit)	ʒæket (m)	جاكيت
T-shirt	ti ʃirt (m)	تي شيرت
shorts (short trousers)	ʃort (m)	شورت
tracksuit	treneng (m)	ترينج
bathrobe	robe el ḥammām (m)	روب حمّام
pyjamas	beʒāma (f)	بيجاما
jumper (sweater)	blover (f)	بلوفر
pullover	blover (m)	بلوفر
waistcoat	vest (m)	فيست
tailcoat	badlet sahra ṭawīla (f)	بدلة سهرة طويلة
dinner suit	badla (f)	بدلة
uniform	zayī muwaḥḥad (m)	زيّ موحّد
workwear	lebs el ʃoɣl (m)	لبس الشغل
boiler suit	overall (m)	اوفر اول
coat (e.g. doctor's smock)	balṭo (m)	بالطو

28. Clothing. Underwear

underwear	malābes dāχeliya (pl)	ملابس داخلية
pants	sirwāl dāχly rigāly (m)	سروال داخلي رجالي
panties	sirwāl dāχly nisā'y (m)	سروال داخلي نسائي
vest (singlet)	fanella (f)	فانلّا
socks	ʃarāb (m)	شراب
nightdress	'amīṣ nome (m)	قميص نوم
bra	setyāna (f)	ستيانة
knee highs (knee-high socks)	ʃarabāt ṭawīla (pl)	شرابات طويلة
tights	klone (m)	كلون
stockings (hold ups)	gawāreb (pl)	جوارب
swimsuit, bikini	mayo (m)	مايوه

29. Headwear

hat	ṭa'iya (f)	طاقيّة
trilby hat	borneyṭa (f)	برنيطة
baseball cap	base bāl kāb (m)	بيس بول كاب
flatcap	ṭa'iya mosaṭṭaḥa (f)	طاقيّة مسطحة
beret	bereyh (m)	بيريه
hood	ɣaṭa' (f)	غطاء
panama hat	qobba'et banama (f)	قبّعة بناما
knit cap (knitted hat)	ays kāb (m)	آيس كاب
headscarf	eʃarb (m)	إيشارب
women's hat	borneyṭa (f)	برنيطة
hard hat	χawza (f)	خوذة
forage cap	kāb (m)	كاب
helmet	χawza (f)	خوذة
bowler	qobba'a (f)	قبّعة
top hat	qobba'a rasmiya (f)	قبّعة رسمية

30. Footwear

footwear	gezam (pl)	جزم
shoes (men's shoes)	gazma (f)	جزمة
shoes (women's shoes)	gazma (f)	جزمة
boots (e.g., cowboy ~)	būt (m)	بوت
carpet slippers	ʃebʃeb (m)	شبشب
trainers	kotʃy tennis (m)	كوتشي تنس
trainers	kotʃy (m)	كوتشي
sandals	ṣandal (pl)	صندل
cobbler (shoe repairer)	eskāfy (m)	إسكافي
heel	ka'b (m)	كعب

pair (of shoes)	goze (m)	جوز
lace (shoelace)	ʃerīṭ (m)	شريط
to lace up (vt)	rabaṭ	ربط
shoehorn	labbāsa el gazma (f)	لبّاسة الجزمة
shoe polish	warnīʃ el gazma (m)	ورنيش الجزمة

31. Personal accessories

gloves	gwanty (m)	جوانتي
mittens	gwanty men ɣeyr aṣābe' (m)	جوانتي من غير أصابع
scarf (muffler)	skarf (m)	سكارف
glasses	naḍḍāra (f)	نظّارة
frame (eyeglass ~)	eṭār (m)	إطار
umbrella	ʃamsiya (f)	شمسيّة
walking stick	'aṣāya (f)	عصاية
hairbrush	forʃet ʃa'r (f)	فرشة شعر
fan	marwaḥa (f)	مروحة
tie (necktie)	karavetta (f)	كرافتة
bow tie	bebyona (m)	بيبيونة
braces	ḥammala (f)	حمّالة
handkerchief	mandīl (m)	منديل
comb	meʃṭ (m)	مشط
hair slide	dabbūs (m)	دبّوس
hairpin	bensa (m)	بنسة
buckle	bokla (f)	بكلة
belt	ḥezām (m)	حزام
shoulder strap	ḥammalet el ketf (f)	حمّالة الكتف
bag (handbag)	ʃanṭa (f)	شنطة
handbag	ʃanṭet yad (f)	شنطة يد
rucksack	ʃanṭet dahr (f)	شنطة ظهر

32. Clothing. Miscellaneous

fashion	mūḍa (f)	موضة
in vogue (adj)	fel moḍa	في الموضة
fashion designer	moṣammem azyā' (m)	مصمّم أزياء
collar	yā'a (f)	ياقة
pocket	geyb (m)	جيب
pocket (as adj)	geyb	جيب
sleeve	komm (m)	كمّ
hanging loop	'elāqa (f)	علّاقة
flies (on trousers)	lesān (m)	لسان
zip (fastener)	sosta (f)	سوستة
fastener	maʃbak (m)	مشبك
button	zerr (m)	زرّ

buttonhole	ʿarwa (f)	عروة
to come off (ab. button)	we'eʿ	وقع
to sew (vi, vt)	χayaṭ	خيّط
to embroider (vi, vt)	ṭarraz	طرّز
embroidery	taṭrīz (m)	تطريز
sewing needle	ebra (f)	إبرة
thread	χeyṭ (m)	خيط
seam	derz (m)	درز
to get dirty (vi)	ettwassaχ	إتّوسّخ
stain (mark, spot)	bo'ʿa (f)	بقعة
to crease, to crumple	takarmaʃ	تكرمش
to tear, to rip (vt)	'aṭaʿ	قطع
clothes moth	ʿetta (f)	عثّة

33. Personal care. Cosmetics

toothpaste	maʿgūn asnān (m)	معجون أسنان
toothbrush	forʃet senān (f)	فرشة أسنان
to clean one's teeth	naḍḍaf el asnān	نظّف الأسنان
razor	mūs (m)	موس
shaving cream	krīm ḥelā'a (m)	كريم حلاقة
to shave (vi)	ḥala'	حلق
soap	ṣabūn (m)	صابون
shampoo	ʃambū (m)	شامبو
scissors	ma'aṣ (m)	مقص
nail file	mabrad (m)	مبرد
nail clippers	mel'aṭ (m)	ملقط
tweezers	mel'aṭ (m)	ملقط
cosmetics	mawād tagmīl (pl)	مواد تجميل
face mask	mask (m)	ماسك
manicure	monekīr (m)	مونيكير
to have a manicure	ʿamal monikīr	عمل مونيكير
pedicure	badikīr (m)	باديكير
make-up bag	ʃanṭet mekyāʒ (f)	شنطة مكياج
face powder	bodret weʃ (f)	بودرة وش
powder compact	ʿelbet bodra (f)	علبة بودرة
blusher	aḥmar χodūd (m)	أحمر خدود
perfume (bottled)	barfān (m)	بارفان
toilet water (lotion)	kolonya (f)	كولونيا
lotion	loʃion (m)	لوشن
cologne	kolonya (f)	كولونيا
eyeshadow	eyeʃadow (m)	ايّ شادو
eyeliner	koḥl (m)	كحل
mascara	maskara (f)	ماسكارا
lipstick	rūʒ (m)	روج

nail polish	monekīr (m)	مونيكير
hair spray	mosabbet el ʃa‘r (m)	مثبّت الشعر
deodorant	mozīl ‘ara’ (m)	مزيل عرق
cream	krīm (m)	كريم
face cream	krīm lel weʃ (m)	كريم للوش
hand cream	krīm eyd (m)	كريم أيد
anti-wrinkle cream	krīm moḍād lel taga‘īd (m)	كريم مضاد للتجاعيد
day cream	krīm en nahār (m)	كريم النهار
night cream	krīm el leyl (m)	كريم الليل
day (as adj)	nahāry	نهاري
night (as adj)	layly	ليّلي
tampon	tambon (m)	تانبون
toilet paper (toilet roll)	wara’ twalet (m)	ورق تواليت
hair dryer	seʃwār (m)	سشوار

34. Watches. Clocks

watch (wristwatch)	sā‘a (f)	ساعة
dial	wag-h el sā‘a (m)	وجه الساعة
hand (clock, watch)	‘a’rab el sā‘a (m)	عقرب الساعة
metal bracelet	ʃerīṭ sā‘a ma‘daniya (m)	شريط ساعة معدنية
watch strap	ʃerīṭ el sā‘a (m)	شريط الساعة
battery	baṭṭariya (f)	بطّاريّة
to be flat (battery)	χelṣet	خلصت
to change a battery	γayar el baṭṭariya	غيّر البطّاريّة
to run fast	saba’	سبق
to run slow	ta’akχar	تأخّر
wall clock	sā‘et ḥeyṭa (f)	ساعة حيطة
hourglass	sā‘a ramliya (f)	ساعة رمليّة
sundial	sā‘a ʃamsiya (f)	ساعة شمسيّة
alarm clock	monabbeh (m)	منبّه
watchmaker	sa‘āty (m)	ساعاتي
to repair (vt)	ṣallaḥ	صلّح

Food. Nutricion

35. Food

meat	laḥma (f)	لحمة
chicken	ferāχ (m)	فراخ
poussin	farrūg (m)	فرّوج
duck	baṭṭa (f)	بطّة
goose	wezza (f)	وزّة
game	ṣeyd (m)	صيد
turkey	dīk rūmy (m)	ديك رومي
pork	laḥm el χanazīr (m)	لحم الخنزير
veal	laḥm el ʿegl (m)	لحم العجل
lamb	laḥm ḍāny (m)	لحم ضاني
beef	laḥm baqary (m)	لحم بقري
rabbit	laḥm arāneb (m)	لحم أرانب
sausage (bologna, etc.)	sogo'' (m)	سجق
vienna sausage (frankfurter)	sogo'' (m)	سجق
bacon	bakon (m)	بيكون
ham	hām(m)	هام
gammon	faχd χanzīr (m)	فخذ خنزير
pâté	maʿgūn laḥm (m)	معجون لحم
liver	kebda (f)	كبدة
mince (minced meat)	hamburger (m)	هامبورجر
tongue	lesān (m)	لسان
egg	beyḍa (f)	بيضة
eggs	beyḍ (m)	بيض
egg white	bayāḍ el beyḍ (m)	بياض البيض
egg yolk	ṣafār el beyḍ (m)	صفار البيض
fish	samak (m)	سمك
seafood	sīfūd (pl)	سي فود
caviar	kaviar (m)	كافيار
crab	kaboria (m)	كابوريا
prawn	gammbary (m)	جمبري
oyster	maḥār (m)	محار
spiny lobster	estakoza (m)	استاكوزا
octopus	aχṭabūṭ (m)	أخطبوط
squid	kalmāry (m)	كالماري
sturgeon	samak el ḥafʃ (m)	سمك الحفش
salmon	salamon (m)	سلمون
halibut	samak el halbūt (m)	سمك الهلبوت
cod	samak el qadd (m)	سمك القد
mackerel	makerel (m)	ماكريل

tuna	tuna (f)	تونة
eel	ḥankalīs (m)	حنكليس
trout	salamon mera''aṭ (m)	سلمون مرقّط
sardine	sardīn (m)	سردين
pike	samak el karāky (m)	سمك الكراكي
herring	renga (f)	رنجة
bread	ʿeyʃ (m)	عيش
cheese	gebna (f)	جبنة
sugar	sokkar (m)	سكّر
salt	melḥ (m)	ملح
rice	rozz (m)	رزّ
pasta (macaroni)	makaruna (f)	مكرونة
noodles	nūdles (f)	نودلز
butter	zebda (f)	زبدة
vegetable oil	zeyt (m)	زيت
sunflower oil	zeyt ʿabbād el ʃams (m)	زيت عبّاد الشمس
margarine	margarīn (m)	مارجرين
olives	zaytūn (m)	زيتون
olive oil	zeyt el zaytūn (m)	زيت الزيتون
milk	laban (m)	لبن
condensed milk	ḥalīb mokassaf (m)	حليب مكثّف
yogurt	zabādy (m)	زبادي
soured cream	kreyma ḥamḍa (f)	كريمة حامضة
cream (of milk)	krīma (f)	كريمة
mayonnaise	mayonnɛ:z (m)	مايونيز
buttercream	krīmet zebda (f)	كريمة زبدة
groats (barley ~, etc.)	ḥobūb 'amḥ (pl)	حبوب قمح
flour	de'ī' (m)	دقيق
tinned food	moʿallabāt (pl)	معلّبات
cornflakes	korn fleks (m)	كورن فليكس
honey	ʿasal (m)	عسل
jam	mrabba (m)	مربّى
chewing gum	lebān (m)	لبان

36. Drinks

water	meyāh (f)	مياه
drinking water	mayet ʃorb (m)	ميّة شرب
mineral water	maya maʿdaniya (f)	ميّة معدنية
still (adj)	rakeda	راكدة
carbonated (adj)	kanz	كانز
sparkling (adj)	kanz	كانز
ice	talg (m)	ثلج
with ice	bel talg	بالتلج

non-alcoholic (adj)	men ɣeyr koḥūl	من غير كحول
soft drink	maʃrūb ɣāzy (m)	مشروب غازي
refreshing drink	ḥāga saʾʿa (f)	حاجة ساقعة
lemonade	limonāta (f)	ليموناتة
spirits	maʃrūbāt koḥūliya (pl)	مشروبات كحولية
wine	χamra (f)	خمرة
white wine	nebīz abyaḍ (m)	نبيذ أبيض
red wine	nebī aḥmar (m)	نبيذ أحمر
liqueur	liqure (m)	ليكيور
champagne	ʃambania (f)	شمبانيا
vermouth	vermote (m)	فيرموت
whisky	wiski (m)	ويسكي
vodka	vodka (f)	فودكا
gin	ʒin (m)	جين
cognac	konyāk (m)	كونياك
rum	rum (m)	رم
coffee	ʾahwa (f)	قهوة
black coffee	ʾahwa sāda (f)	قهوة سادة
white coffee	ʾahwa bel ḥalīb (f)	قهوة بالحليب
cappuccino	kaputʃino (m)	كابتشينو
instant coffee	neskafe (m)	نيسكافيه
milk	laban (m)	لبن
cocktail	koktayl (m)	كوكتيل
milkshake	milk ʃejk (m)	ميلك شيك
juice	ʿaṣīr (m)	عصير
tomato juice	ʿaṣīr ṭamāṭem (m)	عصير طماطم
orange juice	ʿaṣīr bortoqāl (m)	عصير برتقال
freshly squeezed juice	ʿaṣīr freʃ (m)	عصير فريش
beer	bīra (f)	بيرة
lager	bīra χafīfa (f)	بيرة خفيفة
bitter	bīra ɣamʾa (f)	بيرة غامقة
tea	ʃāy (m)	شاي
black tea	ʃāy aḥmar (m)	شاي أحمر
green tea	ʃāy aχḍar (m)	شاي أخضر

37. Vegetables

vegetables	χoḍār (pl)	خضار
greens	χoḍrawāt waraqiya (pl)	خضروات ورقية
tomato	ṭamāṭem (f)	طماطم
cucumber	χeyār (m)	خيار
carrot	gazar (m)	جزر
potato	baṭāṭes (f)	بطاطس
onion	baṣal (m)	بصل
garlic	tūm (m)	ثوم

cabbage	koronb (m)	كرنب
cauliflower	ʾarnabīṭ (m)	قرنبيط
Brussels sprouts	koronb broksel (m)	كرنب بروكسل
broccoli	brokkoli (m)	بركولي
beetroot	bangar (m)	بنجر
aubergine	bātengān (m)	باذنجان
courgette	kōsa (f)	كوسة
pumpkin	qarʿ ʿasaly (m)	قرع عسلي
turnip	left (m)	لفت
parsley	baʾdūnes (m)	بقدونس
dill	ʃabat (m)	شبت
lettuce	χass (m)	خسّ
celery	karfas (m)	كرفس
asparagus	helione (m)	هليون
spinach	sabāneχ (m)	سبانخ
pea	besella (f)	بسلّة
beans	fūl (m)	فول
maize	dora (f)	ذرة
kidney bean	faṣolya (f)	فاصوليا
sweet paper	felfel (m)	فلفل
radish	fegl (m)	فجل
artichoke	χarʃūf (m)	خرشوف

38. Fruits. Nuts

fruit	faχa (f)	فاكهة
apple	toffāḥa (f)	تفّاحة
pear	komettra (f)	كمّثرى
lemon	lymūn (m)	ليمون
orange	bortoqāl (m)	برتقال
strawberry (garden ~)	farawla (f)	فراولة
tangerine	yosfy (m)	يوسفي
plum	barʾūʾ (m)	برقوق
peach	χawχa (f)	خوخة
apricot	meʃmeʃ (f)	مشمش
raspberry	tūt el ʿalīʾ el aḥmar (m)	توت العليق الأحمر
pineapple	ananās (m)	أناناس
banana	moze (m)	موز
watermelon	baṭṭīχ (m)	بطّيخ
grape	ʿenab (m)	عنب
cherry	karaz (m)	كرز
melon	ʃammām (f)	شمّام
grapefruit	grabe frūt (m)	جريب فروت
avocado	avokado (f)	افوكاتو
papaya	babāya (m)	بابايا
mango	manga (m)	مانجة
pomegranate	rommān (m)	رمان

redcurrant	keʃmeʃ aḥmar (m)	كشمش أحمر
blackcurrant	keʃmeʃ aswad (m)	كشمش أسود
gooseberry	ʿenab el saʿlab (m)	عنب الثعلب
bilberry	ʿenab al aḥrāg (m)	عنب الأحراج
blackberry	tūt aswad (m)	توت أسود
raisin	zebīb (m)	زبيب
fig	tīn (m)	تين
date	tamr (m)	تمر
peanut	fūl sudāny (m)	فول سوداني
almond	loze (m)	لوز
walnut	ʿeyn gamal (f)	عين الجمل
hazelnut	bondoʾ (m)	بندق
coconut	goze el hend (m)	جوز هند
pistachios	fostoʾ (m)	فستق

39. Bread. Sweets

bakers' confectionery (pastry)	ḥalawīāt (pl)	حلويّات
bread	ʿeyʃ (m)	عيش
biscuits	baskawīt (m)	بسكويت
chocolate (n)	ʃokolāta (f)	شكولاتة
chocolate (as adj)	bel ʃokolāṭa	بالشكولاتة
candy (wrapped)	bonbony (m)	بونبوني
cake (e.g. cupcake)	keyka (f)	كيكة
cake (e.g. birthday ~)	torta (f)	تورتة
pie (e.g. apple ~)	feṭīra (f)	فطيرة
filling (for cake, pie)	ḥaʃwa (f)	حشوة
jam (whole fruit jam)	mrabba (m)	مربّى
marmalade	marmalād (f)	مرملاد
wafers	waffles (pl)	وافلز
ice-cream	ʾays krīm (m)	آيس كريم
pudding (Christmas ~)	būding (m)	بودنج

40. Cooked dishes

course, dish	wagba (f)	وجبة
cuisine	maṭbaχ (m)	مطبخ
recipe	waṣfa (f)	وصفة
portion	naṣīb (m)	نصيب
salad	solṭa (f)	سلطة
soup	ʃorba (f)	شوربة
clear soup (broth)	maraʾa (m)	مرقة
sandwich (bread)	sandawitʃ (m)	ساندويتش
fried eggs	beyḍ maʾly (m)	بيض مقلي
hamburger (beefburger)	hamburger (m)	هامبورجر

beefsteak	steak laḥm (m)	ستيك لحم
side dish	ṭaba' gāneby (m)	طبق جانبي
spaghetti	spaɣetti (m)	سباجيتي
mash	baṭāṭes mahrūsa (f)	بطاطس مهروسة
pizza	bītza (f)	بيتزا
porridge (oatmeal, etc.)	'aṣīda (f)	عصيدة
omelette	omlette (m)	أومليت
boiled (e.g. ~ beef)	maslū'	مسلوق
smoked (adj)	modakχen	مدخّن
fried (adj)	ma'ly	مقلي
dried (adj)	mogaffaf	مجفّف
frozen (adj)	mogammad	مجمّد
pickled (adj)	meχallel	مخلّل
sweet (sugary)	mesakkar	مسكّر
salty (adj)	māleḥ	مالح
cold (adj)	bāred	بارد
hot (adj)	soχn	سخن
bitter (adj)	morr	مر
tasty (adj)	ḥelw	حلو
to cook in boiling water	sala'	سلق
to cook (dinner)	ḥaḍḍar	حضّر
to fry (vt)	'ala	قلي
to heat up (food)	sakχan	سخّن
to salt (vt)	rasʃ malḥ	رشّ ملح
to pepper (vt)	rasʃ felfel	رشّ فلفل
to grate (vt)	baraʃ	برش
peel (n)	'eʃra (f)	قشرة
to peel (vt)	'asʃar	قشّر

41. Spices

salt	melḥ (m)	ملح
salty (adj)	māleḥ	مالح
to salt (vt)	rasʃ malḥ	رشّ ملح
black pepper	felfel aswad (m)	فلفل أسوّد
red pepper (milled ~)	felfel aḥmar (m)	فلفل أحمر
mustard	mosṭarda (m)	مسطردة
horseradish	fegl ḥār (m)	فجل حار
condiment	bahār (m)	بهار
spice	bahār (m)	بهار
sauce	ṣalṣa (f)	صلصة
vinegar	χall (m)	خلّ
anise	yansūn (m)	ينسون
basil	rīḥān (m)	ريحان
cloves	'oronfol (m)	قرنفل
ginger	zangabīl (m)	زنجبيل
coriander	kozbora (f)	كزبرة

cinnamon	ʾerfa (f)	قرفة
sesame	semsem (m)	سمسم
bay leaf	waraʾ el ɣār (m)	ورق الغار
paprika	babrika (f)	بابريكا
caraway	karawya (f)	كراوية
saffron	zaʿfarān (m)	زعفران

42. Meals

food	akl (m)	أكل
to eat (vi, vt)	akal	أكل
breakfast	foṭūr (m)	فطور
to have breakfast	feṭer	فطر
lunch	ɣadaʾ (m)	غداء
to have lunch	etɣadda	إتغدّى
dinner	ʿaʃāʾ (m)	عشاء
to have dinner	etʿasʃa	إتعشّى
appetite	ʃahiya (f)	شهيّة
Enjoy your meal!	bel hana wel ʃefa!	!بالهنا والشفا
to open (~ a bottle)	fataḥ	فتح
to spill (liquid)	dalaʾ	دلق
to spill out (vi)	dalaʾ	دلق
to boil (vi)	ɣely	غلى
to boil (vt)	ɣely	غلى
boiled (~ water)	maɣly	مغلي
to chill, cool down (vt)	barrad	برّد
to chill (vi)	barrad	برّد
taste, flavour	ṭaʿm (m)	طعم
aftertaste	ṭaʿm ma baʿd el mazāq (m)	طعم ما بعد المذاق
to slim down (lose weight)	χass	خسّ
diet	reʒīm (m)	رجيم
vitamin	vitamīn (m)	فيتامين
calorie	soʿra ḥarāriya (f)	سعرة حراريّة
vegetarian (n)	nabāty (m)	نباتي
vegetarian (adj)	nabāty	نباتي
fats (nutrient)	dohūn (pl)	دهون
proteins	brotenāt (pl)	بروتينات
carbohydrates	naʃawīāt (pl)	نشويّات
slice (of lemon, ham)	ʃarīḥa (f)	شريحة
piece (of cake, pie)	ʾeṭʿa (f)	قطعة
crumb (of bread, cake, etc.)	fattāta (f)	فتاتة

43. Table setting

spoon	maʿlaʾa (f)	معلقة
knife	sekkīna (f)	سكّينة

fork	ʃawka (f)	شوكة
cup (e.g., coffee ~)	fengān (m)	فنجان
plate (dinner ~)	ṭaba' (m)	طبق
saucer	ṭaba' fengān (m)	طبق فنجان
serviette	mandīl wara' (m)	منديل ورق
toothpick	χallet senān (f)	خلة سنان

44. Restaurant

restaurant	maṭ'am (m)	مطعم
coffee bar	'ahwa (f), kaféih (m)	قهوة, كافيه
pub, bar	bār (m)	بار
tearoom	ṣalone ʃāy (m)	صالون شاي
waiter	garsone (m)	جرسون
waitress	garsona (f)	جرسونة
barman	bārman (m)	بارمان
menu	qā'emet el ṭa'ām (f)	قائمة طعام
wine list	qā'emet el χomūr (f)	قائمة خمور
to book a table	ḥagaz sofra	حجز سفرة
course, dish	wagba (f)	وجبة
to order (meal)	ṭalab	طلب
to make an order	ṭalab	طلب
aperitif	ʃarāb (m)	شراب
starter	moqabbelāt (pl)	مقبّلات
dessert, pudding	ḥalawīāt (pl)	حلويّات
bill	ḥesāb (m)	حساب
to pay the bill	dafa' el ḥesāb	دفع الحساب
to give change	edda el bā'y	ادّي الباقي
tip	ba'ʃīʃ (m)	بقشيش

Family, relatives and friends

45. Personal information. Forms

name (first name)	esm (m)	اسم
surname (last name)	esm el ʿaʾela (m)	اسم العائلة
date of birth	tarīχ el melād (m)	تاريخ الميلاد
place of birth	makān el melād (m)	مكان الميلاد
nationality	gensiya (f)	جنسيّة
place of residence	maqarr el eqāma (m)	مقرّ الإقامة
country	balad (m)	بلد
profession (occupation)	mehna (f)	مهنة
gender, sex	ginss (m)	جنس
height	ṭūl (m)	طول
weight	wazn (m)	وزن

46. Family members. Relatives

mother	walda (f)	والدة
father	wāled (m)	والد
son	walad (m)	ولد
daughter	bent (f)	بنت
younger daughter	el bent el saɣīra (f)	البنت الصغيرة
younger son	el ebn el saɣīr (m)	الابن الصغير
eldest daughter	el bent el kebīra (f)	البنت الكبيرة
eldest son	el ebn el kabīr (m)	الابن الكبير
brother	aχ (m)	أخ
elder brother	el aχ el kibīr (m)	الأخ الكبير
younger brother	el aχ el ṣoɣeyyir (m)	الأخ الصغير
sister	uχt (f)	أخت
elder sister	el uχt el kibīra (f)	الأخت الكبيرة
younger sister	el uχt el ṣoɣeyyira (f)	الأخت الصغيرة
cousin (masc.)	ibn ʿamm (m), ibn χāl (m)	إبن عمّ, إبن خال
cousin (fem.)	bint ʿamm (f), bint χāl (f)	بنت عم, بنت خال
mummy	mama (f)	ماما
dad, daddy	baba (m)	بابا
parents	waldeyn (du)	والدين
child	ṭefl (m)	طفل
children	aṭfāl (pl)	أطفال
grandmother	gedda (f)	جدّة
grandfather	gadd (m)	جدّ
grandson	ḥafīd (m)	حفيد

granddaughter	ḥafīda (f)	حفيدة
grandchildren	aḥfād (pl)	أحفاد
uncle	ʿamm (m), χāl (m)	عمّ, خال
aunt	ʿamma (f), χāla (f)	عمّة, خالة
nephew	ibn el aχ (m), ibn el uχt (m)	إبن الأخ, إبن الأخت
niece	bint el aχ (f), bint el uχt (f)	بنت الأخ, بنت الأخت
mother-in-law (wife's mother)	ḥamah (f)	حماة
father-in-law (husband's father)	ḥama (m)	حما
son-in-law (daughter's husband)	goze el bent (m)	جوز البنت
stepmother	merāt el abb (f)	مرات الأب
stepfather	goze el omm (m)	جوز الأم
infant	ṭefl raḍeeʿ (m)	طفل رضيع
baby (infant)	mawlūd (m)	موّلود
little boy, kid	walad ṣaɣīr (m)	ولد صغير
wife	goza (f)	جوزة
husband	goze (m)	جوز
spouse (husband)	goze (m)	جوز
spouse (wife)	goza (f)	جوزة
married (masc.)	metgawwez	متجوّز
married (fem.)	metgawweza	متجوّزة
single (unmarried)	aʿzab	أعزب
bachelor	aʿzab (m)	أعزب
divorced (masc.)	moṭallaq (m)	مطلّق
widow	armala (f)	أرملة
widower	armal (m)	أرمل
relative	ʾarīb (m)	قريب
close relative	nesīb ʾarīb (m)	نسيب قريب
distant relative	nesīb beʿīd (m)	نسيب بعيد
relatives	aqāreb (pl)	أقارب
orphan (boy or girl)	yatīm (m)	يتيم
guardian (of a minor)	walyī amr (m)	وليّ أمر
to adopt (a boy)	tabanna	تبنّى
to adopt (a girl)	tabanna	تبنّى

Medicine

47. Diseases

illness	maraḍ (m)	مرض
to be ill	mereḍ	مرض
health	ṣeḥḥa (f)	صحّة
runny nose (coryza)	raʃ-ḥ fel anf (m)	رشح في الأنف
tonsillitis	eltehāb el lawzateyn (m)	إلتهاب اللوزتين
cold (illness)	zokām (m)	زكام
to catch a cold	gālo bard	جاله برد
bronchitis	eltehāb ʃoʿaby (m)	إلتهاب شعبيّ
pneumonia	eltehāb raʾawy (m)	إلتهاب رئوي
flu, influenza	influenza (f)	إنفلونزا
shortsighted (adj)	ʾaṣīr el naẓar	قصير النظر
longsighted (adj)	beʿīd el naẓar	بعيد النظر
strabismus (crossed eyes)	ḥawal (m)	حوَل
squint-eyed (adj)	aḥwal	أحوَل
cataract	katarakt (f)	كاتاراكت
glaucoma	glawkoma (f)	جلوكوما
stroke	sakta (f)	سكتة
heart attack	azma ʾalbiya (f)	أزمة قلبية
myocardial infarction	nawba ʾalbiya (f)	نوبة قلبية
paralysis	ʃalal (m)	شلل
to paralyse (vt)	ʃall	شلّ
allergy	ḥasasiya (f)	حساسيّة
asthma	rabw (m)	ربو
diabetes	dāʾ el sokkary (m)	داء السكّري
toothache	alam asnān (m)	ألم الأسنان
caries	naχr el asnān (m)	نخر الأسنان
diarrhoea	es-hāl (m)	إسهال
constipation	emsāk (m)	إمساك
stomach upset	eḍṭrāb el meʿda (m)	إضطراب المعدة
food poisoning	tasammom (m)	تسمم
to get food poisoning	etsammem	إتسمّم
arthritis	eltehāb el mafāṣel (m)	إلتهاب المفاصل
rickets	kosāḥ el aṭfāl (m)	كساح الأطفال
rheumatism	rheumatism (m)	روماتزم
atherosclerosis	taṣṣallob el ʃarayīn (m)	تصلّب الشرايين
gastritis	eltehāb el meʿda (m)	إلتهاب المعدة
appendicitis	eltehāb el zayda el dūdiya (m)	إلتهاب الزائدة الدودية

cholecystitis	eltehāb el marāra (m)	إلتهاب المرارة
ulcer	qorḥa (f)	قرحة
measles	maraḍ el ḥaṣba (m)	مرض الحصبة
rubella (German measles)	el ḥaṣba el almaniya (f)	الحصبة الألمانية
jaundice	yaraqān (m)	يرقان
hepatitis	eltehāb el kabed el vayrūsy (m)	إلتهاب الكبد الفيروسي
schizophrenia	fuṣām (m)	فصام
rabies (hydrophobia)	dā' el kalb (m)	داء الكلب
neurosis	edṭrāb ʿaṣaby (m)	إضطراب عصبي
concussion	ertegāg el moχ (m)	إرتجاج المخ
cancer	saraṭān (m)	سرطان
sclerosis	taṣṣallob (m)	تصلّب
multiple sclerosis	taṣṣallob motaʿadded (m)	تصلّب متعدّد
alcoholism	edmān el χamr (m)	إدمان الخمر
alcoholic (n)	modmen el χamr (m)	مدمن الخمر
syphilis	syfilis el zehry (m)	سفلس الزهري
AIDS	el eydz (m)	الايدز
tumour	waram (m)	ورم
malignant (adj)	χabīs	خبيث
benign (adj)	ḥamīd (m)	حميد
fever	ḥomma (f)	حمّى
malaria	malaria (f)	ملاريا
gangrene	ɣanɣarīna (f)	غنغرينا
seasickness	dawār el baḥr (m)	دوار البحر
epilepsy	maraḍ el ṣaraʿ (m)	مرض الصرع
epidemic	wabā' (m)	وباء
typhus	tyfus (m)	تيفوس
tuberculosis	maraḍ el soll (m)	مرض السلّ
cholera	kōlīra (f)	كوليرا
plague (bubonic ~)	ṭaʿūn (m)	طاعون

48. Symptoms. Treatments. Part 1

symptom	ʿaraḍ (m)	عرض
temperature	ḥarāra (f)	حرارة
high temperature (fever)	ḥomma (f)	حمّى
pulse (heartbeat)	nabḍ (m)	نبض
dizziness (vertigo)	dawχa (f)	دوخة
hot (adj)	soχn	سخن
shivering	raʿʃa (f)	رعشة
pale (e.g. ~ face)	aṣfar	أصفر
cough	koḥḥa (f)	كحّة
to cough (vi)	kaḥḥ	كحّ
to sneeze (vi)	ʿaṭas	عطس

faint	dawxa (f)	دوخة
to faint (vi)	oɣma ʿaleyh	أغمي عليه
bruise (hématome)	kadma (f)	كدمة
bump (lump)	tawarrom (m)	تورّم
to bang (bump)	etxabaṭ	إتخبط
contusion (bruise)	raḍḍa (f)	رضّة
to get a bruise	etkadam	إتكدم
to limp (vi)	ʿarag	عرج
dislocation	xalʿ (m)	خلع
to dislocate (vt)	xalaʿ	خلع
fracture	kasr (m)	كسر
to have a fracture	enkasar	إنكسر
cut (e.g. paper ~)	garḥ (m)	جرح
to cut oneself	garaḥ nafsoh	جرح نفسه
bleeding	nazīf (m)	نزيف
burn (injury)	ḥarʾ (m)	حرق
to get burned	et-ḥaraʾ	إتحرق
to prick (vt)	waxaz	وخز
to prick oneself	waxaz nafso	وخز نفسه
to injure (vt)	aṣāb	أصاب
injury	eṣāba (f)	إصابة
wound	garḥ (m)	جرح
trauma	ṣadma (f)	صدمة
to be delirious	haza	هذى
to stutter (vi)	talaʿsam	تلعثم
sunstroke	ḍarabet ʃams (f)	ضربة شمس

49. Symptoms. Treatments. Part 2

pain, ache	alam (m)	ألم
splinter (in foot, etc.)	ʃazya (f)	شظية
sweat (perspiration)	ʿerʾ (m)	عرق
to sweat (perspire)	ʿereʾ	عرق
vomiting	targeeʿ (m)	ترجيع
convulsions	taʃonnogāt (pl)	تشنّجات
pregnant (adj)	ḥāmel	حامل
to be born	etwalad	اتولّد
delivery, labour	welāda (f)	ولادة
to deliver (~ a baby)	walad	ولد
abortion	eg-hāḍ (m)	إجهاض
breathing, respiration	tanaffos (m)	تنفّس
in-breath (inhalation)	estenʃāq (m)	إستنشاق
out-breath (exhalation)	zafīr (m)	زفير
to exhale (breathe out)	zafar	زفر
to inhale (vi)	estanʃaq	إستنشق

disabled person	moʿāq (m)	معاق
cripple	moqʿad (m)	مقعد
drug addict	modmen moχaddarāt (m)	مدمن مخدّرات
deaf (adj)	aṭraʃ	أطرش
mute (adj)	aχras	أخرس
deaf mute (adj)	aṭraʃ aχras	أطرش أخرس
mad, insane (adj)	magnūn	مجنون
madman (demented person)	magnūn (m)	مجنون
madwoman	magnūna (f)	مجنونة
to go insane	etgannen	اتجنّن
gene	ʒīn (m)	جين
immunity	manāʿa (f)	مناعة
hereditary (adj)	werāsy	وراثي
congenital (adj)	χolqy men el welāda	خلقي من الولادة
virus	virūs (m)	فيروس
microbe	mikrūb (m)	ميكروب
bacterium	garsūma (f)	جرثومة
infection	ʿadwa (f)	عدوّى

50. Symptoms. Treatments. Part 3

hospital	mostaʃfa (m)	مستشفى
patient	marīḍ (m)	مريض
diagnosis	taʃχīṣ (m)	تشخيص
cure	ʃefāʾ (m)	شفاء
medical treatment	ʿelāg ṭebby (m)	علاج طبي
to get treatment	etʿāleg	اتعالج
to treat (~ a patient)	ʿālag	عالج
to nurse (look after)	marraḍ	مرّض
care (nursing ~)	ʿenāya (f)	عناية
operation, surgery	ʿamaliya grāḥiya (f)	عمليّة جراحية
to bandage (head, limb)	ḍammad	ضمّد
bandaging	taḍmīd (m)	تضميد
vaccination	talqīḥ (m)	تلقيح
to vaccinate (vt)	laqqaḥ	لقّح
injection	ḥoʾna (f)	حقنة
to give an injection	ḥaʾan ebra	حقن إبرة
attack	nawba (f)	نوبة
amputation	batr (m)	بتر
to amputate (vt)	batr	بتر
coma	ɣaybūba (f)	غيبوبة
to be in a coma	kān fi ḥālet ɣaybūba	كان في حالة غيبوبة
intensive care	el ʿenāya el morakkaza (f)	العناية المركّزة
to recover (~ from flu)	ʃefy	شفي
condition (patient's ~)	ḥāla (f)	حالة

consciousness	waʿy (m)	وعي
memory (faculty)	zākera (f)	ذاكرة
to pull out (tooth)	χalaʿ	خلع
filling	ḥaʃww (m)	حشو
to fill (a tooth)	ḥaʃa	حشا
hypnosis	el tanwīm el meɣnaṭīsy (m)	التنويم المغناطيسي
to hypnotize (vt)	nawwem	نوّم

51. Doctors

doctor	doktore (m)	دكتور
nurse	momarreḍa (f)	ممرّضة
personal doctor	doktore ʃaχṣy (m)	دكتور شخصي
dentist	doktore asnān (m)	دكتور أسنان
optician	doktore el ʿoyūn (m)	دكتور العيون
general practitioner	ṭabīb baṭna (m)	طبيب باطنة
surgeon	garrāḥ (m)	جرّاح
psychiatrist	doktore nafsāny (m)	دكتور نفساني
paediatrician	doktore aṭfāl (m)	دكتور أطفال
psychologist	aχeṣāʾy ʿelm el nafs (m)	أخصائي علم النفس
gynaecologist	doktore nesa (m)	دكتور نسا
cardiologist	doktore ʾalb (m)	دكتور قلب

52. Medicine. Drugs. Accessories

medicine, drug	dawāʾ (m)	دواء
remedy	ʿelāg (m)	علاج
to prescribe (vt)	waṣaf	وصف
prescription	waṣfa (f)	وصفة
tablet, pill	ʾorṣ (m)	قرص
ointment	marham (m)	مرهم
ampoule	ambūla (f)	أمبولة
mixture, solution	dawāʾ ʃorb (m)	دواء شراب
syrup	ʃarāb (m)	شراب
capsule	ḥabba (f)	حبّة
powder	zorūr (m)	ذرور
gauze bandage	ḍammāda ʃāʃ (f)	ضمادة شاش
cotton wool	ʾoṭn (m)	قطن
iodine	yūd (m)	يود
plaster	blaster (m)	بلاستر
eyedropper	ʾaṭṭāra (f)	قطّارة
thermometer	termometr (m)	ترمومتر
syringe	serennga (f)	سرنجة
wheelchair	korsy motaḥarrek (m)	كرسي متحرك
crutches	ʿokkāz (m)	عكّاز

painkiller	mosakken (m)	مسكّن
laxative	molayen (m)	مليّن
spirits (ethanol)	etanol (m)	إيثانول
medicinal herbs	aʿʃāb ṭebbiya (pl)	أعشاب طبّية
herbal (~ tea)	ʿoʃby	عشبي

HUMAN HABITAT

City

53. City. Life in the city

city, town	madīna (f)	مدينة
capital city	'āṣema (f)	عاصمة
village	qarya (f)	قرية
city map	χarīṭet el madinah (f)	خريطة المدينة
city centre	wesṭ el balad (m)	وسط البلد
suburb	ḍāḥeya (f)	ضاحية
suburban (adj)	el ḍawāḥy	الضواحي
outskirts	aṭrāf el madīna (pl)	أطراف المدينة
environs (suburbs)	ḍawāḥy el madīna (pl)	ضواحي المدينة
city block	ḥayī (m)	حي
residential block (area)	ḥayī sakany (m)	حي سكني
traffic	ḥaraket el morūr (f)	حركة المرور
traffic lights	eʃārāt el morūr (pl)	إشارات المرور
public transport	wasā'el el na'l (pl)	وسائل النقل
crossroads	taqāṭo' (m)	تقاطع
zebra crossing	ma'bar (m)	معبر
pedestrian subway	nafa' moʃāh (m)	نفق مشاه
to cross (~ the street)	'abar	عبر
pedestrian	māʃy (m)	ماشي
pavement	raṣīf (m)	رصيف
bridge	kobry (m)	كبري
embankment (river walk)	korneyʃ (m)	كورنيش
fountain	nafūra (f)	نافورة
allée (garden walkway)	mamʃa (m)	ممشى
park	ḥadīqa (f)	حديقة
boulevard	bolvār (m)	بولفار
square	medān (m)	ميدان
avenue (wide street)	ʃāre' (m)	شارع
street	ʃāre' (m)	شارع
side street	zo'ā' (m)	زقاق
dead end	ṭarī' masdūd (m)	طريق مسدود
house	beyt (m)	بيت
building	mabna (m)	مبنى
skyscraper	nāṭeḥet sahāb (f)	ناطحة سحاب
facade	waɣa (f)	واجهة
roof	sa'f (m)	سقف

window	ʃebbāk (m)	شبّاك
arch	qose (m)	قوس
column	ʿamūd (m)	عمود
corner	zawya (f)	زاوية
shop window	vatrīna (f)	فترينة
signboard (store sign, etc.)	yafṭa, lāfeta (f)	لافتة, يافطة
poster (e.g., playbill)	boster (m)	بوستر
advertising poster	boster eʿlān (m)	بوستر إعلان
hoarding	lawḥet eʿlanāt (f)	لوحة إعلانات
rubbish	zebāla (f)	زبالة
rubbish bin	ṣandūʾ zebāla (m)	صندوق زبالة
to litter (vi)	rama zebāla	رمى زبالة
rubbish dump	mazbala (f)	مزبلة
telephone box	koʃk telefōn (m)	كشك تليفون
lamppost	ʿamūd nūr (m)	عمود نور
bench (park ~)	korsy (m)	كرسي
police officer	ʃorṭy (m)	شرطي
police	ʃorṭa (f)	شرطة
beggar	ʃaḥḥāt (m)	شحّات
homeless (n)	motaʃarred (m)	متشرّد

54. Urban institutions

shop	maḥal (m)	محل
chemist, pharmacy	ṣaydaliya (f)	صيدليّة
optician (spectacles shop)	maḥal naḍḍārāt (m)	محل نضّارات
shopping centre	mole (m)	مول
supermarket	subermarket (m)	سوبرماركت
bakery	maχbaz (m)	مخبز
baker	χabbāz (m)	خبّاز
cake shop	ḥalawāny (m)	حلواني
grocery shop	baʾʾāla (f)	بقّالة
butcher shop	gezāra (f)	جزارة
greengrocer	dokkān χoḍār (m)	دكّان خضار
market	sūʾ (f)	سوق
coffee bar	ʾahwa (f), kaféih (m)	قهوة, كافيه
restaurant	maṭʿam (m)	مطعم
pub, bar	bār (m)	بار
pizzeria	maḥal pizza (m)	محل بيتزا
hairdresser	ṣalone ḥelāʾa (m)	صالون حلاقة
post office	maktab el barīd (m)	مكتب البريد
dry cleaners	dray klīn (m)	دراي كلين
photo studio	estudio taṣwīr (m)	إستوديو تصوير
shoe shop	maḥal gezam (m)	محل جزم
bookshop	maḥal kotob (m)	محل كتب

sports shop	maḥal mostalzamāt reyaḍiya (m)	محل مستلزمات رياضية
clothes repair shop	maḥal χeyāṭet malābes (m)	محل خياطة ملابس
formal wear hire	ta'gīr malābes rasmiya (m)	تأجير ملابس رسمية
video rental shop	maḥal ta'gīr video (m)	محل تأجير فيديو
circus	serk (m)	سيرك
zoo	ḥadīqet el ḥayawān (f)	حديقة حيوان
cinema	sinema (f)	سينما
museum	mat-ḥaf (m)	متحف
library	maktaba (f)	مكتبة
theatre	masraḥ (m)	مسرح
opera (opera house)	obra (f)	أوبرا
nightclub	malha leyly (m)	ملهى ليّلي
casino	kazino (m)	كازينو
mosque	masged (m)	مسجد
synagogue	kenīs (m)	كنيس
cathedral	katedra'iya (f)	كاتدرائية
temple	ma'bad (m)	معبد
church	kenīsa (f)	كنيسة
college	kolliya (m)	كليّة
university	gam'a (f)	جامعة
school	madrasa (f)	مدرسة
prefecture	moqaṭ'a (f)	مقاطعة
town hall	baladiya (f)	بلديّة
hotel	fondo' (m)	فندق
bank	bank (m)	بنك
embassy	safāra (f)	سفارة
travel agency	ʃerket seyāḥa (f)	شركة سياحة
information office	maktab el este'lāmāt (m)	مكتب الإستعلامات
currency exchange	ṣarrāfa (f)	صرّافة
underground, tube	metro (m)	مترو
hospital	mostaʃfa (m)	مستشفى
petrol station	maḥaṭṭet banzīn (f)	محطّة بنزين
car park	maw'ef el 'arabeyāt (m)	موقف العربيات

55. Signs

signboard (store sign, etc.)	yafṭa, lāfeta (f)	لافتة, يافطة
notice (door sign, etc.)	bayān (m)	بيان
poster	boster (m)	بوستر
direction sign	'alāmet (f)	علامة إتجاه
arrow (sign)	'alāmet eʃāra (f)	علامة إشارة
caution	taḥzīr (m)	تحذير
warning sign	lāfetat taḥzīr (f)	لافتة تحذير
to warn (vt)	ḥazzar	حذّر

rest day (weekly ~)	yome ʿoṭla (m)	يوم عطلة
timetable (schedule)	gadwal (m)	جدوَل
opening hours	awʾāt el ʿamal (pl)	أوقات العمل
WELCOME!	ahlan w sahlan!	أهلاً وسهلاً!
ENTRANCE	doxūl	دخول
WAY OUT	xorūg	خروج
PUSH	edfaʿ	إدفع
PULL	es-ḥab	إسحب
OPEN	maftūḥ	مفتوح
CLOSED	moɣlaq	مغلق
WOMEN	lel sayedāt	للسيدات
MEN	lel regāl	للرجال
DISCOUNTS	xoṣomāt	خصومات
SALE	taxfeḍāt	تخفيضات
NEW!	gedīd!	جديد!
FREE	maggānan	مجّاناً
ATTENTION!	entebāh!	إنتباه!
NO VACANCIES	koll el amāken maḥgūza	كلّ الأماكن محجوزة
RESERVED	maḥgūz	محجوز
ADMINISTRATION	edāra	إدارة
STAFF ONLY	lel ʿamelīn faqaṭ	للعاملين فقط
BEWARE OF THE DOG!	eḥzar wogūd kalb	إحذر وجود الكلب
NO SMOKING	mamnūʿ el tadxīn	ممنوع التدخين
DO NOT TOUCH!	ʿadam el lams	عدم اللمس
DANGEROUS	xaṭīr	خطير
DANGER	xaṭar	خطر
HIGH VOLTAGE	tayār ʿāly	تيّار عالي
NO SWIMMING!	el sebāḥa mamnūʿa	السباحة ممنوعة
OUT OF ORDER	moʿaṭṭal	معطّل
FLAMMABLE	sareeʿ el eʃteʿāl	سريع الإشتعال
FORBIDDEN	mamnūʿ	ممنوع
NO TRESPASSING!	mamnūʿ el morūr	ممنوع المرور
WET PAINT	eḥzar ṭelāʾ ɣayr gāf	احذر طلاء غير جاف

56. Urban transport

bus, coach	buṣ (m)	باص
tram	trām (m)	ترام
trolleybus	trolly buṣ (m)	ترولي باص
route (bus ~)	xaṭṭ (m)	خطّ
number (e.g. bus ~)	raqam (m)	رقم
to go by ...	rāḥ be ...	راح بـ ...
to get on (~ the bus)	rekeb	ركب
to get off ...	nezel men	نزل من

stop (e.g. bus ~)	maw'af (m)	موقف
next stop	el maḥaṭṭa el gaya (f)	المحطة الجاية
terminus	'āχer maw'af (m)	آخر موقف
timetable	gadwal (m)	جدول
to wait (vt)	estanna	إستنى
ticket	tazkara (f)	تذكرة
fare	ogra (f)	أجرة
cashier (ticket seller)	kaʃier (m)	كاشيير
ticket inspection	taftīʃ el tazāker (m)	تفتيش التذاكر
ticket inspector	mofatteʃ tazāker (m)	مفتش تذاكر
to be late (for ...)	met'akχer	متأخر
to miss (~ the train, etc.)	ta'akχar	تأخر
to be in a hurry	mesta'gel	مستعجل
taxi, cab	taksi (m)	تاكسي
taxi driver	sawwā' taksi (m)	سواق تاكسي
by taxi	bel taksi	بالتاكسي
taxi rank	maw'ef taksi (m)	موقف تاكسي
to call a taxi	kallem taksi	كلم تاكسي
to take a taxi	aχad taksi	أخد تاكسي
traffic	ḥaraket el morūr (f)	حركة المرور
traffic jam	zaḥmet el morūr (f)	زحمة المرور
rush hour	sā'et el zorwa (f)	ساعة الذروة
to park (vi)	rakan	ركن
to park (vt)	rakan	ركن
car park	maw'ef el 'arabeyāt (m)	موقف العربيات
underground, tube	metro (m)	مترو
station	maḥaṭṭa (f)	محطة
to take the tube	aχad el metro	أخد المترو
train	qeṭār, 'aṭṭr (m)	قطار
train station	maḥaṭṭet qeṭār (f)	محطة قطار

57. Sightseeing

monument	temsāl (m)	تمثال
fortress	'al'a (f)	قلعة
palace	'aṣr (m)	قصر
castle	'al'a (f)	قلعة
tower	borg (m)	برج
mausoleum	ḍarīḥ (m)	ضريح
architecture	handasa me'māriya (f)	هندسة معمارية
medieval (adj)	men el qorūn el wosṭa	من القرون الوسطى
ancient (adj)	'atīq	عتيق
national (adj)	waṭany	وطني
famous (monument, etc.)	maʃ-hūr	مشهور
tourist	sā'eḥ (m)	سائح
guide (person)	morʃed (m)	مرشد

excursion, sightseeing tour	gawla (f)	جولة
to show (vt)	warra	ورّى
to tell (vt)	ʾāl	قال
to find (vt)	laʾa	لقى
to get lost (lose one's way)	ḍāʿ	ضاع
map (e.g. underground ~)	χarīṭa (f)	خريطة
map (e.g. city ~)	χarīṭa (f)	خريطة
souvenir, gift	tezkār (m)	تذكار
gift shop	maḥal hadāya (m)	محل هدايا
to take pictures	ṣawwar	صوّر
to have one's picture taken	etṣawwar	إتصوّر

58. Shopping

to buy (purchase)	eʃtara	إشترى
shopping	ḥāga (f)	حاجة
to go shopping	eʃtara	إشترى
shopping	ʃobbing (m)	شوبينج
to be open (ab. shop)	maftūḥ	مفتوح
to be closed	moɣlaq	مغلق
footwear, shoes	gezam (pl)	جزم
clothes, clothing	malābes (pl)	ملابس
cosmetics	mawād tagmīl (pl)	مواد تجميل
food products	akl (m)	أكل
gift, present	hediya (f)	هديّة
shop assistant (masc.)	bayāʿ (m)	بيّاع
shop assistant (fem.)	bayāʿa (f)	بيّاعة
cash desk	ṣandūʾ el dafʿ (m)	صندوق الدفع
mirror	merāya (f)	مراية
counter (shop ~)	manḍada (f)	منضدة
fitting room	ɣorfet el ʾeyās (f)	غرفة القياس
to try on	garrab	جرّب
to fit (ab. dress, etc.)	nāseb	ناسب
to fancy (vt)	ʿagab	عجب
price	seʿr (m)	سعر
price tag	tiket el seʿr (m)	تيكت السعر
to cost (vt)	kallef	كلّف
How much?	bekām?	بكام؟
discount	χaṣm (m)	خصم
inexpensive (adj)	meʃ ɣāly	مش غالي
cheap (adj)	reχīṣ	رخيص
expensive (adj)	ɣāly	غالي
It's expensive	da ɣāly	ده غالي
hire (n)	esteʾgār (m)	إستئجار
to hire (~ a dinner jacket)	estʾgar	إستأجر

credit (trade credit)	e'temān (m)	إئتمان
on credit (adv)	bel ta'seeṭ	بالتقسيط

59. Money

money	folūs (pl)	فلوس
currency exchange	taḥwīl 'omla (m)	تحويل عملة
exchange rate	se'r el ṣarf (m)	سعر الصرف
cashpoint	makinet ṣarrāf 'āly (f)	ماكينة صرّاف آلي
coin	'erʃ (m)	قرش
dollar	dolār (m)	دولار
euro	yoro (m)	يورو
lira	lira (f)	ليرة
Deutschmark	el mark el almāny (m)	المارك الألماني
franc	frank (m)	فرنك
pound sterling	geneyh esterlīny (m)	جنيه استرليني
yen	yen (m)	ين
debt	deyn (m)	دين
debtor	modīn (m)	مدين
to lend (money)	sallef	سلّف
to borrow (vi, vt)	estalaf	إستلف
bank	bank (m)	بنك
account	ḥesāb (m)	حساب
to deposit (vt)	awda'	أودع
to deposit into the account	awda' fel ḥesāb	أودّع في الحساب
to withdraw (vt)	saḥab men el ḥesāb	سحب من الحساب
credit card	kredit kard (f)	كريدت كارد
cash	kæʃ (m)	كاش
cheque	ʃīk (m)	شيك
to write a cheque	katab ʃīk	كتب شيك
chequebook	daftar ʃikāt (m)	دفتر شيكات
wallet	maḥfaẓa (f)	محفظة
purse	maḥfazet fakka (f)	محفظة فكّة
safe	χazzāna (f)	خزّانة
heir	wāres (m)	وارث
inheritance	werāsa (f)	وراثة
fortune (wealth)	sarwa (f)	ثروة
lease	'a'd el egār (m)	عقد الإيجار
rent (money)	ogret el sakan (f)	أجرة السكن
to rent (sth from sb)	est'gar	إستأجر
price	se'r (m)	سعر
cost	taman (m)	ثمن
sum	mablaɣ (m)	مبلغ
to spend (vt)	ṣaraf	صرف
expenses	maṣarīf (pl)	مصاريف

to economize (vi, vt)	waffar	وفّر
economical	mowaffer	موفّر
to pay (vi, vt)	dafaʿ	دفع
payment	dafʿ (m)	دفع
change (give the ~)	el bāʾy (m)	الباقي
tax	ḍarība (f)	ضريبة
fine	ɣarāma (f)	غرامة
to fine (vt)	faraḍ ɣarāma	فرض غرامة

60. Post. Postal service

post office	maktab el barīd (m)	مكتب البريد
post (letters, etc.)	el barīd (m)	البريد
postman	sāʿy el barīd (m)	ساعي البريد
opening hours	awʾāt el ʿamal (pl)	أوقات العمل
letter	resāla (f)	رسالة
registered letter	resāla mosaggala (f)	رسالة مسجّلة
postcard	kart barīdy (m)	كرت بريدي
telegram	barqiya (f)	برقيّة
parcel	ṭard (m)	طرد
money transfer	ḥewāla māliya (f)	حوالة مالية
to receive (vt)	estalam	إستلم
to send (vt)	arsal	أرسل
sending	ersāl (m)	إرسال
address	ʿenwān (m)	عنوان
postcode	raqam el barīd (m)	رقم البريد
sender	morsel (m)	مرسل
receiver	morsel elayh (m)	مرسل إليه
name (first name)	esm (m)	اسم
surname (last name)	esm el ʿaʾela (m)	اسم العائلة
postage rate	taʿrīfa (f)	تعريفة
standard (adj)	ʿādy	عادي
economical (adj)	mowaffer	موفّر
weight	wazn (m)	وزن
to weigh (~ letters)	wazan	وزن
envelope	ẓarf (m)	ظرف
postage stamp	ṭābeʿ (m)	طابع
to stamp an envelope	alṣaq ṭābeʿ	ألصق طابع

Dwelling. House. Home

61. House. Electricity

electricity	kahraba' (m)	كهرباء
light bulb	lammba (f)	لمّبة
switch	meftāḥ (m)	مفتاح
fuse (plug fuse)	fuse (m)	فيوز
cable, wire (electric ~)	selk (m)	سلك
wiring	aslāk (pl)	أسلاك
electricity meter	ʿaddād (m)	عدّاد
readings	qerā'a (f)	قراءة

62. Villa. Mansion

country house	villa rīfiya (f)	فيلا ريفيّة
country-villa	villa (f)	فيلا
wing (~ of a building)	genāḥ (m)	جناح
garden	geneyna (f)	جنينة
park	ḥadīqa (f)	حديقة
conservatory (greenhouse)	dafī'a (f)	دفيئة
to look after (garden, etc.)	ehtamm	إهتمّ
swimming pool	ḥammām sebāḥa (m)	حمّام سباحة
gym (home gym)	gīm (m)	جيم
tennis court	malʿab tennis (m)	ملعب تنس
home theater (room)	sinema manzeliya (f)	سينما منزليّة
garage	garāʒ (m)	جراج
private property	melkiya χāṣa (f)	ملكيّة خاصّة
private land	arḍ χāṣa (m)	أرض خاصّة
warning (caution)	taḥzīr (m)	تحذير
warning sign	lāfetat taḥzīr (f)	لافتة تحذير
security	ḥerāsa (f)	حراسة
security guard	ḥāres amn (m)	حارس أمن
burglar alarm	gehāz enzār (m)	جهاز إنذار

63. Flat

flat	ʃa''a (f)	شقّة
room	oḍa (f)	أوضة
bedroom	oḍet el nome (f)	أوضة النوم

dining room	odet el sofra (f)	أوضة السفرة
living room	odet el esteqbāl (f)	أوضة الإستقبال
study (home office)	maktab (m)	مكتب
entry room	madxal (m)	مدخل
bathroom	ḥammām (m)	حمّام
water closet	ḥammām (m)	حمّام
ceiling	sa'f (m)	سقف
floor	arḍiya (f)	أرضية
corner	zawya (f)	زاوية

64. Furniture. Interior

furniture	asās (m)	أثاث
table	maktab (m)	مكتب
chair	korsy (m)	كرسي
bed	serīr (m)	سرير
sofa, settee	kanaba (f)	كنبة
armchair	korsy (m)	كرسي
bookcase	xazzānet kotob (f)	خزّانة كتب
shelf	raff (m)	رفّ
wardrobe	dolāb (m)	دولاب
coat rack (wall-mounted ~)	ʃammā'a (f)	شمّاعة
coat stand	ʃammā'a (f)	شمّاعة
chest of drawers	dolāb adrāg (m)	دولاب أدراج
coffee table	ṭarabeyzet el 'ahwa (f)	طرابيزة القهوة
mirror	merāya (f)	مراية
carpet	seggāda (f)	سجّادة
small carpet	seggāda (f)	سجّادة
fireplace	daffāya (f)	دفّاية
candle	ʃam'a (f)	شمعة
candlestick	ʃam'adān (m)	شمعدان
drapes	satā'er (pl)	ستائر
wallpaper	wara' ḥā'eṭ (m)	ورق حائط
blinds (jalousie)	satā'er ofoqiya (pl)	ستائر أفقيّة
table lamp	abāʒūr (f)	اباجورة
wall lamp (sconce)	lammbet ḥā'eṭ (f)	لمّبة حائط
standard lamp	meṣbāḥ arḍy (m)	مصباح أرضي
chandelier	nagafa (f)	نجفة
leg (of a chair, table)	regl (f)	رجل
armrest	masnad (m)	مسند
back (backrest)	masnad (m)	مسند
drawer	dorg (m)	درج

65. Bedding

bedclothes	bayāḍāt el serīr (pl)	بياضات السرير
pillow	maχadda (f)	مخدّة
pillowslip	kīs el maχadda (m)	كيس المخدّة
duvet	leḥāf (m)	لحاف
sheet	melāya (f)	ملاية
bedspread	ɣaṭā' el serīr (m)	غطاء السرير

66. Kitchen

kitchen	maṭbaχ (m)	مطبخ
gas	ɣāz (m)	غاز
gas cooker	botoɣāz (m)	بوتوغاز
electric cooker	forn kaharabā'y (m)	فرن كهربائي
oven	forn (m)	فرن
microwave oven	mikroweyv (m)	ميكروويف
refrigerator	tallāga (f)	ثلاجة
freezer	freyzer (m)	فريزر
dishwasher	ɣassālet aṭbā' (f)	غسّالة أطباق
mincer	farrāmet laḥm (f)	فرّامة لحم
juicer	'aṣṣāra (f)	عصّارة
toaster	maḥmaṣet χobz (f)	محمصة خبز
mixer	χallāṭ (m)	خلّاط
coffee machine	makinet ṣon' el 'ahwa (f)	ماكينة صنع القهوة
coffee pot	ɣallāya kahraba'iya (f)	غلّاية القهوة
coffee grinder	maṭ-ḥanet 'ahwa (f)	مطحنة قهوة
kettle	ɣallāya (f)	غلّاية
teapot	barrād el ʃāy (m)	برّاد الشاي
lid	ɣaṭā' (m)	غطاء
tea strainer	maṣfāh el ʃāy (f)	مصفاة الشاي
spoon	ma'la'a (f)	معلقة
teaspoon	ma'la'et ʃāy (f)	معلقة شاي
soup spoon	ma'la'a kebīra (f)	ملعقة كبيرة
fork	ʃawka (f)	شوكة
knife	sekkīna (f)	سكّينة
tableware (dishes)	awāny (pl)	أواني
plate (dinner ~)	ṭaba' (m)	طبق
saucer	ṭaba' fengān (m)	طبق فنجان
shot glass	kāsa (f)	كاسة
glass (tumbler)	kobbāya (f)	كوبّاية
cup	fengān (m)	فنجان
sugar bowl	sokkariya (f)	سكّريّة
salt cellar	mamlaḥa (f)	مملحة
pepper pot	mobhera (f)	مبهرة

butter dish	ṭaba' zebda (m)	طبق زبدة
stock pot (soup pot)	ḥalla (f)	حلّة
frying pan (skillet)	ṭāsa (f)	طاسة
ladle	maɣrafa (f)	مغرفة
colander	maṣfāh (f)	مصفاه
tray (serving ~)	ṣeniya (f)	صينيّة
bottle	ezāza (f)	إزازة
jar (glass)	barṭamān (m)	برطمان
tin (can)	kanz (m)	كانز
bottle opener	fattāḥa (f)	فتّاحة
tin opener	fattāḥa (f)	فتّاحة
corkscrew	barrīma (f)	بريمة
filter	filter (m)	فلتر
to filter (vt)	ṣaffa	صفّى
waste (food ~, etc.)	zebāla (f)	زبالة
waste bin (kitchen ~)	ṣandū' el zebāla (m)	صندوق الزبالة

67. Bathroom

bathroom	ḥammām (m)	حمّام
water	meyāh (f)	مياه
tap	ḥanafiya (f)	حنفيّة
hot water	maya soχna (f)	مايّة سخنة
cold water	maya barda (f)	مايّة باردة
toothpaste	ma'gūn asnān (m)	معجون أسنان
to clean one's teeth	naḍḍaf el asnān	نظّف الأسنان
toothbrush	forʃet senān (f)	فرشة أسنان
to shave (vi)	ḥala'	حلق
shaving foam	raɣwa lel ḥelā'a (f)	رغوة للحلاقة
razor	mūs (m)	موس
to wash (one's hands, etc.)	ɣasal	غسل
to have a bath	estaḥamma	إستحمّى
shower	doʃ (m)	دوش
to have a shower	aχad doʃ	أخد دوش
bath	banyo (m)	بانيو
toilet (toilet bowl)	twalet (m)	تواليت
sink (washbasin)	ḥoḍe (m)	حوض
soap	ṣabūn (m)	صابون
soap dish	ṣabbāna (f)	صبّانة
sponge	līfa (f)	ليفة
shampoo	ʃambū (m)	شامبو
towel	fūṭa (f)	فوطة
bathrobe	robe el ḥammām (m)	روب حمّام
laundry (laundering)	ɣasīl (m)	غسيل
washing machine	ɣassāla (f)	غسّالة

to do the laundry	ɣasal el malābes	غسل الملابس
washing powder	mas-ḥū' ɣasīl (m)	مسحوق غسيل

68. Household appliances

TV, telly	televizion (m)	تليفزيون
tape recorder	gehāz tasgīl (m)	جهاز تسجيل
video	'āla tasgīl video (f)	آلة تسجيل فيديو
radio	gehāz radio (m)	جهاز راديو
player (CD, MP3, etc.)	blayer (m)	بليير
video projector	gehāz 'arḍ (m)	جهاز عرض
home cinema	sinema manzeliya (f)	سينما منزليّة
DVD player	dividī blayer (m)	دي في دي بليير
amplifier	mokabbaer el ṣote (m)	مكبّر الصوت
video game console	'ātāry (m)	أتاري
video camera	kamera video (f)	كاميرا فيديو
camera (photo)	kamera (f)	كاميرا
digital camera	kamera diʒital (f)	كاميرا ديجيتال
vacuum cleaner	maknasa kahraba'iya (f)	مكنسة كهربائيّة
iron (e.g. steam ~)	makwa (f)	مكواة
ironing board	lawḥet kayī (f)	لوحة كيّ
telephone	telefon (m)	تليفون
mobile phone	mobile (m)	موبايل
typewriter	'āla katba (f)	آلة كاتبة
sewing machine	makanet el χeyāṭa (f)	مكنة الخياطة
microphone	mikrofon (m)	ميكروفون
headphones	samma'āt ra'siya (pl)	سمّاعات رأسية
remote control (TV)	remowt kontrol (m)	ريموت كنترول
CD, compact disc	sidī (m)	سي دي
cassette, tape	kasett (m)	كاسيت
vinyl record	esṭewāna mūsīqa (f)	أسطوانة موسيقى

HUMAN ACTIVITIES

Job. Business. Part 1

69. Office. Working in the office

office (company ~)	maktab (m)	مكتب
office (director's ~)	maktab (m)	مكتب
reception desk	esteʾbāl (m)	إستقبال
secretary	sekerteyr (m)	سكرتير
director	modīr (m)	مدير
manager	modīr (m)	مدير
accountant	muḥāseb (m)	محاسب
employee	mowazzaf (m)	موظّف
furniture	asās (m)	أثاث
desk	maktab (m)	مكتب
desk chair	korsy (m)	كرسي
drawer unit	weḥdet adrāg (f)	وحدة أدراج
coat stand	ʃammāʿa (f)	شمّاعة
computer	kombuter (m)	كمبيوتر
printer	ṭābeʿa (f)	طابعة
fax machine	faks (m)	فاكس
photocopier	ʾālet nasχ (f)	آلة نسخ
paper	waraʾ (m)	ورق
office supplies	adawāt maktabiya (pl)	أدوات مكتبية
mouse mat	maws bād (m)	ماوس باد
sheet of paper	waraʾa (f)	ورقة
binder	malaff (m)	ملفّ
catalogue	fehras (m)	فهرس
phone directory	dalīl el telefone (m)	دليل التليفون
documentation	wasāʾeq (pl)	وثائق
brochure (e.g. 12 pages ~)	naʃra (f)	نشرة
leaflet (promotional ~)	manʃūr (m)	منشور
sample	namūzag (m)	نموذج
training meeting	egtemāʿ tadrīb (m)	إجتماع تدريب
meeting (of managers)	egtemāʿ (m)	إجتماع
lunch time	fatret el ɣadaʾ (f)	فترة الغذاء
to make a copy	ṣawwar	صوّر
to make multiple copies	ṣawwar	صوّر
to receive a fax	estalam faks	إستلم فاكس
to send a fax	baʿat faks	بعت فاكس
to call (by phone)	ettaṣal	إتّصل

to answer (vt)	gāwab	جاوب
to put through	waṣṣal	وصّل
to arrange, to set up	ḥadded	حدّد
to demonstrate (vt)	ʿaraḍ	عرض
to be absent	ɣāb	غاب
absence	ɣeyāb (m)	غياب

70. Business processes. Part 1

occupation	ʃoɣl (m)	شغل
firm	ʃerka (f)	شركة
company	ʃerka (f)	شركة
corporation	moʾassasa tegariya (f)	مؤسسة تجارية
enterprise	ʃerka (f)	شركة
agency	wekāla (f)	وكالة
agreement (contract)	ettefaqiya (f)	إتّفاقية
contract	ʿaʾd (m)	عقد
deal	ṣafqa (f)	صفقة
order (to place an ~)	ṭalab (m)	طلب
terms (of the contract)	ʃorūṭ (pl)	شروط
wholesale (adv)	bel gomla	بالجملة
wholesale (adj)	el gomla	الجملة
wholesale (n)	beyʿ bel gomla (m)	بيع بالجملة
retail (adj)	yebeeʿ bel tagzeʾa	يبيع بالتجزئة
retail (n)	maḥal yebeeʿ bel tagzeʾa (m)	محل يبيع بالتجزئة
competitor	monāfes (m)	منافس
competition	monafsa (f)	منافسة
to compete (vi)	nāfes	نافس
partner (associate)	ʃerīk (m)	شريك
partnership	ʃarāka (f)	شراكة
crisis	azma (f)	أزمة
bankruptcy	eflās (m)	إفلاس
to go bankrupt	falles	فلّس
difficulty	ṣoʿūba (f)	صعوبة
problem	moʃkela (f)	مشكلة
catastrophe	karsa (f)	كارثة
economy	eqtiṣād (m)	إقتصاد
economic (~ growth)	eqteṣādy	إقتصادي
economic recession	rokūd eqteṣādy (m)	ركود إقتصادي
goal (aim)	hadaf (m)	هدف
task	mohemma (f)	مهمّة
to trade (vi)	tāger	تاجر
network (distribution ~)	ʃabaka (f)	شبكة
inventory (stock)	el maχzūn (m)	المخزون
range (assortment)	taʃkīla (f)	تشكيلة

leader (leading company)	qā'ed (m)	قائد
large (~ company)	kebīr	كبير
monopoly	eḥtekār (m)	إحتكار
theory	naẓariya (f)	نظريّة
practice	momarsa (f)	ممارسة
experience (in my ~)	χebra (f)	خبرة
trend (tendency)	ettegāh (m)	إتّجاه
development	tanmeya (f)	تنمية

71. Business processes. Part 2

profit (foregone ~)	rebḥ (m)	ربح
profitable (~ deal)	morbeḥ	مربح
delegation (group)	wafd (m)	وفد
salary	morattab (m)	مرتّب
to correct (an error)	ṣaḥḥaḥ	صحّح
business trip	reḥlet 'amal (f)	رحلة عمل
commission	lagna (f)	لجنة
to control (vt)	et-ḥakkem	إتحكّم
conference	mo'tamar (m)	مؤتمر
licence	roχṣa (f)	رخصة
reliable (~ partner)	mawsūq	موثوق
initiative (undertaking)	mobadra (f)	مبادرة
norm (standard)	me'yār (m)	معيار
circumstance	ẓarf (m)	ظرف
duty (of an employee)	wāgeb (m)	واجب
organization (company)	monaẓẓama (f)	منظّمة
organization (process)	tanẓīm (m)	تنظيم
organized (adj)	monaẓẓam	منظّم
cancellation	elɣā' (m)	إلغاء
to cancel (call off)	alɣa	ألغى
report (official ~)	ta'rīr (m)	تقرير
patent	bara'et el eχterā' (f)	براءة الإختراع
to patent (obtain patent)	saggel barā'et eχterā'	سجّل براءة الإختراع
to plan (vt)	χaṭṭeṭ	خطّط
bonus (money)	'alāwa (f)	علاوة
professional (adj)	mehany	مهني
procedure	egrā' (m)	إجراء
to examine (contract, etc.)	baḥs fi	بحث في
calculation	ḥesāb (m)	حساب
reputation	som'a (f)	سمعة
risk	moχaṭra (f)	مخاطرة
to manage, to run	adār	أدار
information (report)	ma'lumāt (pl)	معلومات
property	melkiya (f)	ملكيّة

union	ettehād (m)	إتّحاد
life insurance	ta'mīn 'alal ḥayah (m)	تأمين على الحياة
to insure (vt)	ammen	أمّن
insurance	ta'mīn (m)	تأمين
auction (~ sale)	mazād (m)	مزاد
to notify (inform)	ballaɣ	بلّغ
management (process)	edāra (f)	إدارة
service (~ industry)	χadma (f)	خدمة
forum	nadwa (f)	ندوة
to function (vi)	adda waẓīfa	أدّى وظيفة
stage (phase)	marḥala (f)	مرحلة
legal (~ services)	qanūniya	قانونية
lawyer (legal advisor)	muḥāmy (m)	محامي

72. Production. Works

plant	maṣna' (m)	مصنع
factory	maṣna' (m)	مصنع
workshop	warʃa (f)	ورشة
works, production site	maṣna' (m)	مصنع
industry (manufacturing)	ṣenā'a (f)	صناعة
industrial (adj)	ṣenā'y	صناعي
heavy industry	ṣenā'a te'īla (f)	صناعة ثقيلة
light industry	ṣenā'a χafīfa (f)	صناعة خفيفة
products	montagāt (pl)	منتجات
to produce (vt)	antag	أنتج
raw materials	mawād χām (pl)	مواد خام
foreman (construction ~)	ra'īs el 'ommāl (m)	رئيس العمّال
workers team (crew)	farī' el 'ommāl (m)	فريق العمّال
worker	'āmel (m)	عامل
working day	yome 'amal (m)	يوم عمل
pause (rest break)	rāḥa (f)	راحة
meeting	egtemā' (m)	إجتماع
to discuss (vt)	nā'eʃ	ناقش
plan	χeṭṭa (f)	خطّة
to fulfil the plan	naffez el χeṭṭa	نفّذ الخطّة
rate of output	mo'addal el entāg (m)	معدّل الإنتاج
quality	gawda (f)	جودة
control (checking)	taftīʃ (m)	تفتيش
quality control	ḍabṭ el gawda (m)	ضبط الجودة
workplace safety	salāmet makān el 'amal (f)	سلامة مكان العمل
discipline	enḍebāṭ (m)	إنضباط
violation (of safety rules, etc.)	moχalfa (f)	مخالفة
to violate (rules)	χālef	خالف
strike	eḍrāb (m)	إضراب
striker	moḍrab (m)	مضرب

to be on strike	aḍrab	أضرب
trade union	etteḥād el ʿomāl (m)	إتّحاد العمال
to invent (machine, etc.)	eχtaraʿ	إخترع
invention	eχterāʿ (m)	إختراع
research	baḥs (m)	بحث
to improve (make better)	ḥassen	حسّن
technology	teknoloʒia (f)	تكنولوجيا
technical drawing	rasm teqany (m)	رسم تقني
load, cargo	ʃaḥn (m)	شحن
loader (person)	ʃayāl (m)	شيّال
to load (vehicle, etc.)	ʃaḥn	شحن
loading (process)	taḥmīl (m)	تحميل
to unload (vi, vt)	farraɣ	فرّغ
unloading	tafrīɣ (m)	تفريغ
transport	wasā'el el na'l (pl)	وسائل النقل
transport company	ʃerket na'l (f)	شركة نقل
to transport (vt)	na'al	نقل
wagon	ʿarabet ʃaḥn (f)	عربة شحن
tank (e.g., oil ~)	χazzān (m)	خزّان
lorry	ʃāḥena (f)	شاحنة
machine tool	makana (f)	مكنة
mechanism	'āliya (f)	آليّة
industrial waste	moχallafāt ṣenaʿiya (pl)	مخلفات صناعية
packing (process)	taʿbe'a (f)	تعبئة
to pack (vt)	ʿabba	عبّأ

73. Contract. Agreement

contract	ʿa'd (m)	عقد
agreement	ettefā' (m)	إتّفاق
addendum	molḥa' (m)	ملحق
to sign a contract	waqqaʿ ʿala ʿa'd	وقّع على عقد
signature	tawqeeʿ (m)	توقيع
to sign (vt)	waqqaʿ	وقّع
seal (stamp)	χetm (m)	ختم
subject of the contract	mawḍūʿ el ʿa'd (m)	موضوع العقد
clause	band (m)	بند
parties (in contract)	aṭrāf (pl)	أطراف
legal address	ʿenwān qanūny (m)	عنوان قانوني
to violate the contract	χālef el ʿa'd	خالف العقد
commitment (obligation)	eltezām (m)	إلتزام
responsibility	mas'oliya (f)	مسؤوليّة
force majeure	'owwa qāhera (m)	قوّة قاهرة
dispute	χelāf (m)	خلاف
penalties	ʿoqobāt (pl)	عقوبات

74. Import & Export

import	esterād (m)	إستيراد
importer	mostawred (m)	مستورّد
to import (vt)	estawrad	إستورّد
import (as adj.)	wāred	وارد
export (exportation)	taṣdīr (m)	تصدير
exporter	moṣadder (m)	مصدّر
to export (vt)	ṣaddar	صدّر
export (as adj.)	sādir	صادر
goods (merchandise)	baḍā'e' (pl)	بضائع
consignment, lot	ʃoḥna (f)	شحنة
weight	wazn (m)	وزن
volume	ḥagm (m)	حجم
cubic metre	metr moka''ab (m)	متر مكعّب
manufacturer	el ʃerka el moṣanne'a (f)	الشركة المصنّعة
transport company	ʃerket na'l (f)	شركة نقل
container	ḥāweya (f)	حاوية
border	ḥadd (m)	حدّ
customs	gamārek (pl)	جمارك
customs duty	rasm gomroky (m)	رسم جمركي
customs officer	mowazzaf el gamārek (m)	موظّف الجمارك
smuggling	tahrīb (m)	تهريب
contraband (smuggled goods)	beḍā'a moharraba (pl)	بضاعة مهربة

75. Finances

share, stock	sahm (m)	سهم
bond (certificate)	sanad (m)	سند
promissory note	kembyāla (f)	كمبيالة
stock exchange	borṣa (f)	بورصة
stock price	se'r el sahm (m)	سعر السهم
to go down (become cheaper)	reχeṣ	رخص
to go up (become more expensive)	ʃely	غلي
share	naṣīb (m)	نصيب
controlling interest	el magmū'a el mosayṭara (f)	المجموعة المسيطرة
investment	estesmār (pl)	إستثمار
to invest (vt)	estasmar	إستثمر
percent	bel me'a - bel miya	بالمئة
interest (on investment)	fayda (f)	فائدة
profit	rebḥ (m)	ربح
profitable (adj)	morbeḥ	مربح

tax	ḍarība (f)	ضريبة
currency (foreign ~)	ʿomla (f)	عملة
national (adj)	waṭany	وطني
exchange (currency ~)	taḥwīl (m)	تحويل
accountant	muḥāseb (m)	محاسب
accounting	maḥasba (f)	محاسبة
bankruptcy	eflās (m)	إفلاس
collapse, ruin	enheyār (m)	إنهيار
ruin	eflās (m)	إفلاس
to be ruined (financially)	falles	فلّس
inflation	taḍakχom māly (m)	تضخّم مالي
devaluation	taχfīḍ qīmet ʿomla (m)	تخفيض قيمة عملة
capital	ra'ʾs māl (m)	رأس مال
income	daχl (m)	دخل
turnover	dawret ra'ʾs el māl (f)	دورة رأس المال
resources	mawāred (pl)	موارد
monetary resources	el mawāred el naqdiya (pl)	الموارد النقديّة
overheads	nafa'ʾāt ʿāmma (pl)	نفقات عامّة
to reduce (expenses)	χaffaḍ	خفّض

76. Marketing

marketing	taswīʾ (m)	تسويق
market	sūʾ (f)	سوق
market segment	qaṭāʿ el sūʾ (m)	قطاع السوق
product	montag (m)	منتج
goods (merchandise)	baḍā'eʿ (pl)	بضائع
brand	mārka (f)	ماركة
trademark	marka tegāriya (f)	ماركة تجاريّة
logotype	ʃeʿār (m)	شعار
logo	ʃeʿār (m)	شعار
demand	ṭalab (m)	طلب
supply	mUʿİddāt (pl)	معدّات
need	ḥāga (f)	حاجة
consumer	mostahlek (m)	مستهلك
analysis	taḥlīl (m)	تحليل
to analyse (vt)	ḥallel	حلّل
positioning	waḍʿ (m)	وضع
to position (vt)	waḍaʿ	وضع
price	seʿr (m)	سعر
pricing policy	seyāset el asʿār (f)	سياسة الأسعار
price formation	taʃkīl el asʿār (m)	تشكيل الأسعار

77. Advertising

advertising	eʿlān (m)	إعلان
to advertise (vt)	aʿlan	أعلن

budget	mezaniya (f)	ميزانية
ad, advertisement	eʿlān (m)	إعلان
TV advertising	eʿlān fel televiziōn (m)	إعلان في التليفزيون
radio advertising	eʿlān fel radio (m)	إعلان في الراديو
outdoor advertising	eʿlān zahery (m)	إعلان ظاهري
mass medias	wasāʾel el eʿlām (pl)	وسائل الإعلام
periodical (n)	magalla dawriya (f)	مجلّة دوريّة
image (public appearance)	imyʒ (m)	إيميج
slogan	ʃeʿār (m)	شعار
motto (maxim)	ʃeʿār (m)	شعار
campaign	ḥamla (f)	حملة
advertising campaign	ḥamla eʿlaniya (f)	حملة إعلانيّة
target group	magmūʿa mostahdafa (f)	مجموعة مستهدفة
business card	kart el ʿamal (m)	كارت العمل
leaflet (promotional ~)	manʃūr (m)	منشور
brochure (e.g. 12 pages ~)	naʃra (f)	نشرة
pamphlet	kotayeb (m)	كتيّب
newsletter	naʃra eχbariya (f)	نشرة إخبارية
signboard (store sign, etc.)	yafṭa, lāfeta (f)	لافتة, يافطة
poster	boster (m)	بوستر
hoarding	lawḥet eʿlanāt (f)	لوحة إعلانات

78. Banking

bank	bank (m)	بنك
branch (of a bank)	farʿ (m)	فرع
consultant	mowazzaf bank (m)	موظّف بنك
manager (director)	modīr (m)	مدير
bank account	ḥesāb bank (m)	حساب بنك
account number	raqam el ḥesāb (m)	رقم الحساب
current account	ḥesāb gāry (m)	حساب جاري
deposit account	ḥesāb tawfīr (m)	حساب توفير
to open an account	fataḥ ḥesāb	فتح حساب
to close the account	ʾafal ḥesāb	قفل حساب
to deposit into the account	awdaʿ fel ḥesāb	أودع في الحساب
to withdraw (vt)	saḥab men el ḥesāb	سحب من الحساب
deposit	wadeeʿa (f)	وديعة
to make a deposit	awdaʿ	أودع
wire transfer	ḥewāla maṣrefiya (f)	حوالة مصرفيّة
to wire, to transfer	ḥawwel	حوّل
sum	mablaɣ (m)	مبلغ
How much?	kām?	كام؟
signature	tawqeeʿ (m)	توقيع
to sign (vt)	waqqaʿ	وقّع

credit card	kredit kard (f)	كريدت كارد
code (PIN code)	kōd (m)	كود
credit card number	raqam el kredit kard (m)	رقم الكريدت كارد
cashpoint	makinet ṣarrāf ʾāly (f)	ماكينة صرّاف آلي
cheque	ʃīk (m)	شيك
to write a cheque	katab ʃīk	كتب شيك
chequebook	daftar ʃikāt (m)	دفتر شيكات
loan (bank ~)	qarḍ (m)	قرض
to apply for a loan	ʾaddem ṭalab ʿala qarḍ	قدّم طلب على قرض
to get a loan	ḥaṣal ʿala qarḍ	حصل على قرض
to give a loan	edda qarḍ	ادّى قرض
guarantee	ḍamān (m)	ضمان

79. Telephone. Phone conversation

telephone	telefon (m)	تليفون
mobile phone	mobile (m)	موبايل
answerphone	gehāz radd ʿalal mokalmāt (m)	جهاز ردّ على المكالمات
to call (by phone)	ettaṣal	إتّصل
call, ring	mokalma telefoniya (f)	مكالمة تليفونية
to dial a number	ettaṣal be raqam	إتّصل برقم
Hello!	alo!	ألو!
to ask (vt)	saʾal	سأل
to answer (vi, vt)	radd	ردّ
to hear (vt)	semeʿ	سمع
well (adv)	kewayes	كويّس
not well (adv)	meʃ kowayīs	مش كويّس
noises (interference)	taʃwīʃ (m)	تشويش
receiver	sammāʿa (f)	سمّاعة
to pick up (~ the phone)	rafaʿ el sammāʿa	رفع السمّاعة
to hang up (~ the phone)	ʾafal el sammāʿa	قفل السمّاعة
busy (engaged)	maʃɣūl	مشغول
to ring (ab. phone)	rann	رنّ
telephone book	dalīl el telefone (m)	دليل التليفون
local (adj)	maḥalliya	ة محلّيّة
local call	mokalma maḥalliya (f)	مكالمة محلّيّة
trunk (e.g. ~ call)	biʿīd	بعيد
trunk call	mokalma biʿīda (f)	مكالمة بعيدة المدى
international (adj)	dowly	دوّلي
international call	mokalma dowliya (f)	مكالمة دوليّة

80. Mobile telephone

mobile phone	mobile (m)	موبايل
display	ʿarḍ (m)	عرض

button	zerr (m)	زرّ
SIM card	sim kard (m)	سيم كارد
battery	baṭṭariya (f)	بطّاريّة
to be flat (battery)	χelṣet	خلصت
charger	ʃāḥen (m)	شاحن
menu	qā'ema (f)	قائمة
settings	awḍāʿ (pl)	أوضاع
tune (melody)	naɣama (f)	نغمة
to select (vt)	eχtār	إختار
calculator	'āla ḥasba (f)	آلة حاسبة
voice mail	barīd ṣawty (m)	بريد صوتي
alarm clock	monabbeh (m)	منبّه
contacts	gehāt el etteṣāl (pl)	جهات الإتّصال
SMS (text message)	resāla 'aṣīra ɛsɛmɛs (f)	رسالة قصيرة sms
subscriber	moʃtarek (m)	مشترك

81. Stationery

ballpoint pen	'alam gāf (m)	قلم جاف
fountain pen	'alam rīʃa (m)	قلم ريشة
pencil	'alam roṣāṣ (m)	قلم رصاص
highlighter	markar (m)	ماركر
felt-tip pen	'alam fulumaster (m)	قلم فلوماستر
notepad	mozakkera (f)	مذكّرة
diary	gadwal el aʿmāl (m)	جدول الأعمال
ruler	masṭara (f)	مسطرة
calculator	'āla ḥasba (f)	آلة حاسبة
rubber	astīka (f)	استيكة
drawing pin	dabbūs (m)	دبّوس
paper clip	dabbūs wara' (m)	دبّوس ورق
glue	ṣamɣ (m)	صمغ
stapler	dabbāsa (f)	دبّاسة
hole punch	χarrāma (m)	خرّامة
pencil sharpener	barrāya (f)	برّاية

82. Kinds of business

accounting services	χedamāt moḥasba (pl)	خدمات محاسبة
advertising	eʿlān (m)	إعلان
advertising agency	wekālet eʿlān (f)	وكالة إعلان
air-conditioners	takyīf (m)	تكييف
airline	ʃerket ṭayarān (f)	شركة طيران
alcoholic beverages	maʃrūbāt koḥūliya (pl)	مشروبات كحوليّة
antiques (antique dealers)	toḥaf (pl)	تحف

art gallery (contemporary ~)	maʿraḍ fanny (m)	معرض فنّي
audit services	χedamāt faḥṣ el ḥesābāt (pl)	خدمات فحص الحسابات
banking industry	el qeṭāʿ el maṣrefy (m)	القطاع المصرفي
beauty salon	ṣalone tagmīl (m)	صالون تجميل
bookshop	maḥal kotob (m)	محل كتب
brewery	maṣnaʿ bīra (m)	مصنع بيرة
business centre	markaz tegāry (m)	مركز تجاري
business school	kolliyet edāret el aʿmāl (f)	كليّة إدارة الأعمال
casino	kazino (m)	كازينو
chemist, pharmacy	ṣaydaliya (f)	صيدليّة
cinema	sinema (f)	سينما
construction	benāʾ (m)	بناء
consulting	esteʃāra (f)	إستشارة
dental clinic	ʿeyādet asnān (f)	عيادة أسنان
design	taṣmīm (m)	تصميم
dry cleaners	dray klīn (m)	دراي كلين
employment agency	wekālet tawẓīf (f)	وكالة توّظيف
financial services	χedamāt māliya (pl)	خدمات ماليّة
food products	akl (m)	أكل
furniture (e.g. house ~)	asās (m)	أثاث
clothing, garment	malābes (pl)	ملابس
hotel	fondoʾ (m)	فندق
ice-cream	ʾays krīm (m)	آيس كريم
industry (manufacturing)	ṣenāʿa (f)	صناعة
insurance	taʾmīn (m)	تأمين
Internet	internet (m)	إنترنت
investments (finance)	estesmarāt (pl)	إستثمارات
jeweller	ṣāʾeɣ (m)	صائِغ
jewellery	mogawharāt (pl)	مجوّهرات
laundry (shop)	maɣsala (f)	مغسلة
legal adviser	χedamāt qanūniya (pl)	خدمات قانونيّة
light industry	ṣenāʿa χafīfa (f)	صناعة خفيفة
magazine	magalla (f)	مجلّة
mail order selling	beyʿ be neẓām el barīd (m)	بيع بنظام البريد
medicine	ṭebb (m)	طبّ
museum	mat-ḥaf (m)	متحف
news agency	wekāla eχbariya (f)	وكالة إخبارية
newspaper	garīda (f)	جريدة
nightclub	malha leyly (m)	ملهى ليّلي
oil (petroleum)	nafṭ (m)	نفط
courier services	χedamāt el ʃaḥn (pl)	خدمات الشحن
pharmaceutics	ṣaydala (f)	صيدلة
printing (industry)	ṭebāʿa (f)	طباعة
pub	bār (m)	بار
publishing house	dar el ṭebāʿa wel naʃr (f)	دار الطباعة والنشر
radio (~ station)	radio (m)	راديو
real estate	ʿeqarāt (pl)	عقارات

restaurant	maṭʿam (m)	مطعم
security company	ʃerket amn (f)	شركة أمن
shop	maḥal (m)	محل
sport	reyāḍa (f)	رياضة
stock exchange	borṣa (f)	بورصة
supermarket	subermarket (m)	سوبرماركت
swimming pool (public ~)	ḥammām sebāḥa (m)	حمّام سباحة
tailor shop	maḥal χeyāṭa (m)	محل خياطة
television	televizion (m)	تليفزيون
theatre	masraḥ (m)	مسرح
trade (commerce)	tegāra (f)	تجارة
transport companies	wasāʾel el naʾl (pl)	وسائل النقل
travel	safar (m)	سفر
undertakers	maktab motaʿahhed el dafn (m)	مكتب متعهّد الدفن
veterinary surgeon	doktore beṭary (m)	دكتور بيطري
warehouse	mostawdaʿ (m)	مستودع
waste collection	gamaʿ el nefayāt (m)	جمع النفايات

Job. Business. Part 2

83. Show. Exhibition

exhibition, show	maʿraḍ (m)	معرض
trade show	maʿraḍ tegāry (m)	معرض تجاري
participation	eʃterāk (m)	إشتراك
to participate (vi)	ʃārek	شارك
participant (exhibitor)	moʃtarek (m)	مشترك
director	modīr (m)	مدير
organizers' office	maktab el monaẓẓemīn (m)	مكتب المنظّمين
organizer	monazzem (m)	منظّم
to organize (vt)	nazzam	نظّم
participation form	estemāret el eʃterak (f)	إستمارة الإشتراك
to fill in (vt)	mala	ملأ
details	tafaṣīl (pl)	تفاصيل
information	esteʿlamāt (pl)	إستعلامات
price (cost, rate)	seʿr (m)	سعر
including	bema feyh	بما فيه
to include (vt)	taḍamman	تضمّن
to pay (vi, vt)	dafaʿ	دفع
registration fee	rosūm el tasgīl (pl)	رسوم التسجيل
entrance	madχal (m)	مدخل
pavilion, hall	genāḥ (m)	جناح
to register (vt)	saggel	سجّل
badge (identity tag)	ʃāra (f)	شارة
stand	koʃk (m)	كشك
to reserve, to book	ḥagaz	حجز
display case	vatrīna (f)	فترينة
spotlight	kasʃāf el nūr (m)	كشّاف النور
design	taṣmīm (m)	تصميم
to place (put, set)	ḥaṭṭ	حطّ
distributor	mowazzeʿ (m)	موزّع
supplier	mowarred (m)	مورد
country	balad (m)	بلد
foreign (adj)	agnaby	أجنبي
product	montag (m)	منتج
association	gamʿiya (f)	جمعيّة
conference hall	qāʿet el moʿtamarāt (f)	قاعة المؤتمرات
congress	moʾtamar (m)	مؤتمر

contest (competition)	mosab'a (f)	مسابقة
visitor (attendee)	zā'er (m)	زائر
to visit (attend)	ḥaḍar	حضر
customer	zobūn (m)	زبون

84. Science. Research. Scientists

science	'elm (m)	علم
scientific (adj)	'elmy	علمي
scientist	'ālem (m)	عالم
theory	naẓariya (f)	نظرية
axiom	badīhiya (f)	بديهيّة
analysis	taḥlīl (m)	تحليل
to analyse (vt)	ḥallel	حلّل
argument (strong ~)	borhān (m)	برهان
substance (matter)	madda (f)	مادّة
hypothesis	faraḍiya (f)	فرضيّة
dilemma	mo'ḍela (f)	معضلة
dissertation	resāla 'elmiya (f)	رسالة علميّة
dogma	'aqīda (f)	عقيدة
doctrine	mazhab (m)	مذهب
research	baḥs (m)	بحث
to research (vt)	baḥs	بحث
tests (laboratory ~)	extebārāt (pl)	إختبارات
laboratory	moxtabar (m)	مختبر
method	manhag (m)	منهج
molecule	gozaye' (m)	جزيء
monitoring	reqāba (f)	رقابة
discovery (act, event)	ekteʃāf (m)	إكتشاف
postulate	mosallama (f)	مسلّمة
principle	mabda' (m)	مبدأ
forecast	tanabbo' (m)	تنبّؤ
to forecast (vt)	tanabba'	تنبّأ
synthesis	tarkīb (m)	تركيب
trend (tendency)	ettegāh (m)	إتّجاه
theorem	naẓariya (f)	نظريّة
teachings	ta'alīm (pl)	تعاليم
fact	ḥa'ī'a (f)	حقيقة
expedition	be'sa (f)	بعثة
experiment	tagreba (f)	تجربة
academician	akadīmy (m)	أكاديمي
bachelor (e.g. ~ of Arts)	bakaleryūs (m)	بكالوريوس
doctor (PhD)	doktore (m)	دكتور
Associate Professor	ostāz moʃārek (m)	أستاذ مشارك
Master (e.g. ~ of Arts)	maʒestīr (m)	ماجستير
professor	brofessor (m)	بروفيسور

Professions and occupations

85. Job search. Dismissal

job	ʿamal (m)	عمل
staff (work force)	kawādir (pl)	كوادر
personnel	ṭāqem el ʿāmelīn (m)	طاقم العاملين
career	mehna (f)	مهنة
prospects (chances)	ʾāfāq (pl)	آفاق
skills (mastery)	maharāt (pl)	مهارات
selection (screening)	exteyār (m)	إختيار
employment agency	wekālet tawẓīf (f)	وكالة توّظيف
curriculum vitae, CV	sīra zātiya (f)	سيرة ذاتيّة
job interview	moʾablet ʿamal (f)	مقابلة عمل
vacancy	wazīfa xaleya (f)	وظيفة خالية
salary, pay	morattab (m)	مرتّب
fixed salary	rāteb sābet (m)	راتب ثابت
pay, compensation	ogra (f)	أجرة
position (job)	manṣeb (m)	منصب
duty (of an employee)	wāgeb (m)	واجب
range of duties	magmūʿa men el wāgebāt (f)	مجموعة من الواجبات
busy (I'm ~)	maʃɣūl	مشغول
to fire (dismiss)	rafad	رفد
dismissal	eqāla (m)	إقالة
unemployment	baṭāla (f)	بطالة
unemployed (n)	ʿāṭel (m)	عاطل
retirement	maʿāʃ (m)	معاش
to retire (from job)	oḥīl ʿala el maʿāʃ	أحيل على المعاش

86. Business people

director	modīr (m)	مدير
manager (director)	modīr (m)	مدير
boss	raʾīs (m)	رئيس
superior	motafawweq (m)	متفوّق
superiors	roʾasāʾ (pl)	رؤساء
president	raʾīs (m)	رئيس
chairman	raʾīs (m)	رئيس
deputy (substitute)	nāʾeb (m)	نائب
assistant	mosāʿed (m)	مساعد

secretary	sekerteyr (m)	سكرتير
personal assistant	sekerteyr χāṣ (m)	سكرتير خاص
businessman	ragol a'māl (m)	رجل أعمال
entrepreneur	rā'ed a'māl (m)	رائد أعمال
founder	mo'asses (m)	مؤسّس
to found (vt)	asses	أسّس
founding member	mo'asses (m)	مؤسّس
partner	ʃerīk (m)	شريك
shareholder	mālek el as-hom (m)	مالك الأسهم
millionaire	millyonīr (m)	مليونير
billionaire	milliardīr (m)	ملياردير
owner, proprietor	ṣāḥeb (m)	صاحب
landowner	ṣāḥeb el arḍ (m)	صاحب الأرض
client	'amīl (m)	عميل
regular client	'amīl dā'em (m)	عميل دائم
buyer (customer)	moʃtary (m)	مشتري
visitor	zā'er (m)	زائر
professional (n)	moḥtaref (m)	محترف
expert	χabīr (m)	خبير
specialist	motaχaṣṣeṣ (m)	متخصّص
banker	ṣāḥeb maṣraf (m)	صاحب مصرف
broker	semsār (m)	سمسار
cashier	'āmel kaʃier (m)	عامل كاشيير
accountant	muḥāseb (m)	محاسب
security guard	ḥāres amn (m)	حارس أمن
investor	mostasmer (m)	مستثمر
debtor	modīn (m)	مدين
creditor	dā'en (m)	دائن
borrower	moqtareḍ (m)	مقترض
importer	mostawred (m)	مستورّد
exporter	moṣadder (m)	مصدّر
manufacturer	el ʃerka el moṣanne'a (f)	الشركة المصنّعة
distributor	mowazze' (m)	موزّع
middleman	wasīṭ (m)	وسيط
consultant	mostaʃār (m)	مستشار
sales representative	mandūb mabi'āt (m)	مندوب مبيعات
agent	wakīl (m)	وكيل
insurance agent	wakīl el ta'mīn (m)	وكيل التأمين

87. Service professions

cook	ṭabbāχ (m)	طبّاخ
chef (kitchen chef)	el ʃeyf (m)	الشيف

baker	χabbāz (m)	خبّاز
barman	bārman (m)	بارمان
waiter	garsone (m)	جرسون
waitress	garsona (f)	جرسونة
lawyer, barrister	muḥāmy (m)	محامي
lawyer (legal expert)	muḥāmy χabīr qanūny (m)	محامي خبير قانوني
notary public	mowassaq (m)	موثّق
electrician	kahrabā'y (m)	كهربائي
plumber	samkary (m)	سمكري
carpenter	naggār (m)	نجّار
masseur	modallek (m)	مدلّك
masseuse	modalleka (f)	مدلّكة
doctor	doktore (m)	دكتور
taxi driver	sawwā' taksi (m)	سوّاق تاكسي
driver	sawwā' (m)	سوّاق
delivery man	rāgel el delivery (m)	راجل الديلفري
chambermaid	'āmela tandīf γoraf (f)	عاملة تنظيف غرف
security guard	ḥāres amn (m)	حارس أمن
flight attendant (fem.)	moḍīfet ṭayarān (f)	مضيفة طيران
schoolteacher	modarres madrasa (m)	مدرّس مدرسة
librarian	amīn maktaba (m)	أمين مكتبة
translator	motargem (m)	مترجم
interpreter	motargem fawwry (m)	مترجم فوّري
guide	morʃed (m)	مرشد
hairdresser	ḥallā' (m)	حلاّق
postman	sā'y el barīd (m)	ساعي البريد
salesman (store staff)	bayā' (m)	بيّاع
gardener	bostāny (m)	بستاني
domestic servant	χādema (m)	خادمة
maid (female servant)	χadema (f)	خادمة
cleaner (cleaning lady)	'āmela tandīf (f)	عاملة تنظيف

88. Military professions and ranks

private	gondy (m)	جنّدي
sergeant	raqīb tāny (m)	رقيب تاني
lieutenant	molāzem tāny (m)	ملازم تاني
captain	naqīb (m)	نقيب
major	rā'ed (m)	رائد
colonel	'aqīd (m)	عقيد
general	ʒenerāl (m)	جنرال
marshal	marʃāl (m)	مارشال
admiral	amerāl (m)	أميرال
military (n)	'askary (m)	عسكري
soldier	gondy (m)	جنّدي

officer	ḍābeṭ (m)	ضابط
commander	qā'ed (m)	قائد
border guard	ḥaras ḥodūd (m)	حرس حدود
radio operator	'āmel lāselky (m)	عامل لاسلكي
scout (searcher)	rā'ed mostakʃef (m)	رائد مستكشف
pioneer (sapper)	mohandes 'askary (m)	مهندس عسكري
marksman	rāmy (m)	رامي
navigator	mallāḥ (m)	ملاّح

89. Officials. Priests

king	malek (m)	ملك
queen	maleka (f)	ملكة
prince	amīr (m)	أمير
princess	amīra (f)	أميرة
czar	qayṣar (m)	قيصر
czarina	qayṣara (f)	قيصرة
president	ra'īs (m)	رئيس
Secretary (minister)	wazīr (m)	وزير
prime minister	ra'īs wozarā' (m)	رئيس وزراء
senator	'oḍw magles el ʃoyūχ (m)	عضو مجلس الشيوخ
diplomat	deblomāsy (m)	دبلوماسي
consul	qonṣol (m)	قنصل
ambassador	safīr (m)	سفير
counselor (diplomatic officer)	mostaʃār (m)	مستشار
official, functionary (civil servant)	mowazzaf (m)	موظّف
prefect	ra'īs edāret el ḥayī (m)	رئيس إدارة الحي
mayor	ra'īs el baladiya (m)	رئيس البلديّة
judge	qāḍy (m)	قاضي
prosecutor	el na'eb el 'ām (m)	النائب العام
missionary	mobasʃer (m)	مبشّر
monk	rāheb (m)	راهب
abbot	ra'īs el deyr (m)	رئيس الدير
rabbi	ḥaχām (m)	حاخام
vizier	wazīr (m)	وزير
shah	ʃāh (m)	شاه
sheikh	ʃeyχ (m)	شيخ

90. Agricultural professions

beekeeper	naḥḥāl (m)	نحّال
shepherd	rā'y (m)	راعي

agronomist	mohandes zerāʿy (m)	مهندس زراعي
cattle breeder	morabby el mawāʃy (m)	مربّي المواشي
veterinary surgeon	doktore beṭary (m)	دكتور بيطري
farmer	mozāreʿ (m)	مزارع
winemaker	ṣāneʿ el χamr (m)	صانع الخمر
zoologist	χabīr fe ʿelm el ḥayawān (m)	خبير في علم الحيوان
cowboy	rāʿy el baʾar (m)	راعي البقر

91. Art professions

actor	momassel (m)	ممثّل
actress	momassela (f)	ممثّلة
singer (masc.)	moṭreb (m)	مطرب
singer (fem.)	moṭreba (f)	مطربة
dancer (masc.)	rāqeṣ (m)	راقص
dancer (fem.)	raʾāṣa (f)	راقصة
performer (masc.)	fannān (m)	فنّان
performer (fem.)	fannāna (f)	فنّانة
musician	ʿāzef (m)	عازف
pianist	ʿāzef biano (m)	عازف بيانو
guitar player	ʿāzef guitar (m)	عازف جيتار
conductor (orchestra ~)	qāʾed orkestra (m)	قائد أوركسترا
composer	molaḥḥen (m)	ملحّن
impresario	modīr ferʾa (m)	مدير فرقة
film director	moχreg aflām (m)	مخرج أفلام
producer	monteq (m)	منتج
scriptwriter	kāteb senario (m)	كاتب سيناريو
critic	nāqed (m)	ناقد
writer	kāteb (m)	كاتب
poet	ʃāʿer (m)	شاعر
sculptor	naḥḥāt (m)	نحّات
artist (painter)	rassām (m)	رسّام
juggler	bahlawān (m)	بهلوان
clown	aragoze (m)	أراجوز
acrobat	bahlawān (m)	بهلوان
magician	sāḥer (m)	ساحر

92. Various professions

doctor	doktore (m)	دكتور
nurse	momarreḍa (f)	ممرّضة
psychiatrist	doktore nafsāny (m)	دكتور نفساني
dentist	doktore asnān (m)	دكتور أسنان

surgeon	garrāḥ (m)	جرّاح
astronaut	rā'ed faḍā' (m)	رائد فضاء
astronomer	'ālem falak (m)	عالم فلك
pilot	ṭayār (m)	طيّار
driver (of a taxi, etc.)	sawwā' (m)	سوّاق
train driver	sawwā' (m)	سوّاق
mechanic	mikanīky (m)	ميكانيكي
miner	'āmel mangam (m)	عامل منجم
worker	'āmel (m)	عامل
locksmith	'affāl (m)	قفّال
joiner (carpenter)	naggār (m)	نجّار
turner (lathe operator)	χarrāṭ (m)	خرّاط
building worker	'āmel benā' (m)	عامل بناء
welder	laḥḥām (m)	لحّام
professor (title)	brofessor (m)	بروفيسور
architect	mohandes me'māry (m)	مهندس معماري
historian	mo'arreχ (m)	مؤرّخ
scientist	'ālem (m)	عالم
physicist	fizyā'y (m)	فيزيائي
chemist (scientist)	kemyā'y (m)	كيميائي
archaeologist	'ālem'āsār (m)	عالم آثار
geologist	ʒeoloʒy (m)	جيولوجي
researcher (scientist)	bāḥes (m)	باحث
babysitter	dāda (f)	دادة
teacher, educator	mo'allem (m)	معلّم
editor	moḥarrer (m)	محرّر
editor-in-chief	ra'īs taḥrīr (m)	رئيس تحرير
correspondent	morāsel (m)	مراسل
typist (fem.)	kāteba 'ala el 'āla el kāteba (f)	كاتبة على الآلة الكاتبة
designer	moṣammem (m)	مصمّم
computer expert	motaχaṣṣeṣ bel kombuter (m)	متخصص بالكمبيوتر
programmer	mobarmeg (m)	مبرمج
engineer (designer)	mohandes (m)	مهندس
sailor	baḥḥār (m)	بحّار
seaman	baḥḥār (m)	بحّار
rescuer	monqez (m)	منقذ
firefighter	rāgel el maṭāfy (m)	راجل المطافئ
police officer	ʃorṭy (m)	شرطي
watchman	ḥāres (m)	حارس
detective	moḥaqqeq (m)	محقّق
customs officer	mowazzaf el gamārek (m)	موظّف الجمارك
bodyguard	ḥāres ʃaχṣy (m)	حارس شخصي
prison officer	ḥāres segn (m)	حارس سجن
inspector	mofatteʃ (m)	مفتّش
sportsman	reyāḍy (m)	رياضي
trainer, coach	modarreb (m)	مدرّب

butcher	gazzār (m)	جزّار
cobbler (shoe repairer)	eskāfy (m)	إسكافي
merchant	tāger (m)	تاجر
loader (person)	ʃayāl (m)	شيّال
fashion designer	moṣammem azyā' (m)	مصمّم أزياء
model (fem.)	modeyl (f)	موديل

93. Occupations. Social status

schoolboy	talmīz (m)	تلميذ
student (college ~)	ṭāleb (m)	طالب
philosopher	faylasūf (m)	فيلسوف
economist	eqtiṣādy (m)	إقتصادي
inventor	moχtare' (m)	مخترع
unemployed (n)	'āṭel (m)	عاطل
retiree, pensioner	motaqā'ed (m)	متقاعد
spy, secret agent	gasūs (m)	جاسوس
prisoner	sagīn (m)	سجين
striker	moḍrab (m)	مضرب
bureaucrat	buroqrāṭy (m)	بيروقراطي
traveller (globetrotter)	raḥḥāla (m)	رحّالة
gay, homosexual (n)	ʃāz (m)	شاذ
hacker	haker (m)	هاكِر
hippie	hippi (m)	هيبي
bandit	qāṭe' ṭarī' (m)	قاطع طريق
hit man, killer	qātel ma'gūr (m)	قاتل مأجور
drug addict	modmen moχaddarāt (m)	مدمن مخدّرات
drug dealer	tāger moχaddarāt (m)	تاجر مخدّرات
prostitute (fem.)	mommos (f)	مومس
pimp	qawwād (m)	قوّاد
sorcerer	sāḥer (m)	ساحر
sorceress (evil ~)	sāḥera (f)	ساحرة
pirate	'orṣān (m)	قرصان
slave	'abd (m)	عبد
samurai	samuray (m)	ساموراي
savage (primitive)	motawaḥḥeʃ (m)	متوحّش

Education

94. School

school	madrasa (f)	مدرسة
headmaster	modīr el madrasa (m)	مدير المدرسة
student (m)	talmīz (m)	تلميذ
student (f)	telmīza (f)	تلميذة
schoolboy	talmīz (m)	تلميذ
schoolgirl	telmīza (f)	تلميذة
to teach (sb)	ʿallem	علّم
to learn (language, etc.)	taʿallam	تعلّم
to learn by heart	ḥafaẓ	حفظ
to learn (~ to count, etc.)	taʿallam	تعلّم
to be at school	daras	درس
to go to school	rāḥ el madrasa	راح المدرسة
alphabet	abgadiya (f)	أبجدية
subject (at school)	madda (f)	مادّة
classroom	faṣl (m)	فصل
lesson	dars (m)	درس
playtime, break	estrāḥa (f)	إستراحة
school bell	garas el madrasa (m)	جرس المدرسة
school desk	disk el madrasa (m)	ديسك المدرسة
blackboard	sabbūra (f)	سبّورة
mark	daraga (f)	درجة
good mark	daraga kewayesa (f)	درجة كويسة
bad mark	daraga meʃ kewayesa (f)	درجة مش كويسة
to give a mark	edda daraga	إدّى درجة
mistake, error	χaṭaʾ (m)	خطأ
to make mistakes	aχṭaʾ	أخطأ
to correct (an error)	ṣaḥḥaḥ	صحّح
crib	berʃām (m)	برشام
homework	wāgeb (m)	واجب
exercise (in education)	tamrīn (m)	تمرين
to be present	ḥaḍar	حضر
to be absent	ɣāb	غاب
to miss school	taɣeyyab ʿan el madrasa	تغيّب عن المدرسة
to punish (vt)	ʿāqab	عاقب
punishment	ʿeqāb (m)	عقاب
conduct (behaviour)	solūk (m)	سلوك

school report	el taqrīr el madrasy (m)	التقرير المدرسي
pencil	ʾalam roṣāṣ (m)	قلم رصاص
rubber	astīka (f)	استيكة
chalk	ṭabaʃīr (m)	طباشير
pencil case	maʾlama (f)	مقلمة
schoolbag	ʃanṭet el madrasa (f)	شنطة المدرسة
pen	ʾalam (m)	قلم
exercise book	daftar (m)	دفتر
textbook	ketāb taʿlīm (m)	كتاب تعليم
compasses	bargal (m)	برجل
to make technical drawings	rasam rasm teqany	رسم رسم تقني
technical drawing	rasm teqany (m)	رسم تقني
poem	ʾaṣīda (f)	قصيدة
by heart (adv)	ʿan ẓahr qalb	عن ظهر قلب
to learn by heart	ḥafaẓ	حفظ
school holidays	agāza (f)	أجازة
to be on holiday	ʿando agāza	عنده أجازة
to spend holidays	ʾaḍa el agāza	قضى الأجازة
test (at school)	emteḥān (m)	إمتحان
essay (composition)	enʃāʾ (m)	إنشاء
dictation	emlāʾ (m)	إملاء
exam (examination)	emteḥān (m)	إمتحان
to do an exam	ʿamal emteḥān	عمل إمتحان
experiment (e.g., chemistry ~)	tagreba (f)	تجربة

95 College. University

academy	akademiya (f)	أكاديميّة
university	gamʿa (f)	جامعة
faculty (e.g., ~ of Medicine)	kolliya (f)	كلّيّة
student (masc.)	ṭāleb (m)	طالب
student (fem.)	ṭāleba (f)	طالبة
lecturer (teacher)	muḥāḍer (m)	محاضر
lecture hall, room	modarrag (m)	مدرّج
graduate	motaχarreg (m)	متخرج
diploma	dibloma (f)	دبلومة
dissertation	resāla ʿelmiya (f)	رسالة علميّة
study (report)	derāsa (f)	دراسة
laboratory	moχtabar (m)	مختبر
lecture	moḥaḍra (f)	محاضرة
coursemate	zamīl fel ṣaff (m)	زميل في الصفّ
scholarship, bursary	menḥa derāsiya (f)	منحة دراسيّة
academic degree	daraga ʿelmiya (f)	درجة علميّة

96. Sciences. Disciplines

mathematics	reyāḍīāt (pl)	رياضيّات
algebra	el gabr (m)	الجبر
geometry	handasa (f)	هندسة
astronomy	ʻelm el falak (m)	علم الفلك
biology	al aḥya' (m)	الأحياء
geography	goɣrafia (f)	جغرافيا
geology	ʒeoloʒia (f)	جيولوجيا
history	tarīχ (m)	تاريخ
medicine	ṭebb (m)	طبّ
pedagogy	tarbeya (f)	تربية
law	qanūn (m)	قانون
physics	fezya' (f)	فيزياء
chemistry	kemya' (f)	كيمياء
philosophy	falsafa (f)	فلسفة
psychology	ʻelm el nafs (m)	علم النفس

97. Writing system. Orthography

grammar	el naḥw wel ṣarf (m)	النحو والصرف
vocabulary	mofradāt el loɣa (pl)	مفردات اللغة
phonetics	ṣawtīāt (pl)	صوتيات
noun	esm (m)	اسم
adjective	ṣefa (f)	صفة
verb	fe'l (m)	فعل
adverb	ẓarf (m)	ظرف
pronoun	ḍamīr (m)	ضمير
interjection	oslūb el taʻaggob (m)	أسلوب التعجّب
preposition	ḥarf el garr (m)	حرف الجرّ
root	gezr el kelma (m)	جذر الكلمة
ending	nehāya (f)	نهاية
prefix	sabaeqa (f)	سابقة
syllable	maqṭaʻ lafzy (m)	مقطع لفظي
suffix	lāḥeqa (f)	لاحقة
stress mark	nabra (f)	نبرة
apostrophe	ʻalāmet ḥazf (f)	علامة حذف
full stop	no'ṭa (f)	نقطة
comma	faṣla (f)	فاصلة
semicolon	no'ṭa w faṣla (f)	نقطة وفاصلة
colon	no'ṭeteyn (pl)	نقطتين
ellipsis	talat no'aṭ (pl)	ثلاث نقط
question mark	ʻalāmet estefhām (f)	علامة إستفهام
exclamation mark	'alāmet taʻaggob (f)	علامة تعجّب

inverted commas	ʿalamāt el eqtebās (pl)	علامات الإقتباس
in inverted commas	beyn ʿalamaty el eqtebās	بين علامتي الاقتباس
parenthesis	qoseyn (du)	قوسين
in parenthesis	beyn el qoseyn	بين القوسين
hyphen	ʿalāmet waṣl (f)	علامة وصل
dash	ʃorṭa (f)	شرطة
space (between words)	farāɣ (m)	فراغ
letter	ḥarf (m)	حرف
capital letter	ḥarf kebīr (m)	حرف كبير
vowel (n)	ḥarf ṣauty (m)	حرف صوتي
consonant (n)	ḥarf sāken (m)	حرف ساكن
sentence	gomla (f)	جملة
subject	fāʿel (m)	فاعل
predicate	mosnad (m)	مسند
line	saṭr (m)	سطر
on a new line	men bedāyet el saṭr	من بداية السطر
paragraph	faqra (f)	فقرة
word	kelma (f)	كلمة
group of words	magmūʿa men el kelamāt (pl)	مجموعة من الكلمات
expression	moṣṭalaḥ (m)	مصطلح
synonym	morādef (m)	مرادف
antonym	motaḍād loɣawy (m)	متضاد لغوي
rule	qaʿeda (f)	قاعدة
exception	estesnāʾ (m)	إستثناء
correct (adj)	ṣaḥīḥ	صحيح
conjugation	ṣarf (m)	صرف
declension	taṣrīf el asmāʾ (m)	تصريف الأسماء
nominal case	ḥāla esmiya (f)	حالة أسمية
question	soʾāl (m)	سؤال
to underline (vt)	ḥaṭṭ xaṭṭ taḥt	حطّ خطّ تحت
dotted line	xaṭṭ menaʾʾaṭ (m)	خطّ منقّط

98. Foreign languages

language	loɣa (f)	لغة
foreign (adj)	agnaby	أجنبيّ
foreign language	loɣa agnabiya (f)	لغة أجنبية
to study (vt)	daras	درس
to learn (language, etc.)	taʿallam	تعلّم
to read (vi, vt)	ʾara	قرأ
to speak (vi, vt)	kallem	كلّم
to understand (vt)	fehem	فهم
to write (vt)	katab	كتب
fast (adv)	bosorʿa	بسرعة
slowly (adv)	bo boṭʾ	ببطء

fluently (adv)	beṭalāqa	بطلاقة
rules	qawā'ed (pl)	قواعد
grammar	el naḥw wel ṣarf (m)	النحو والصرف
vocabulary	mofradāt el loɣa (pl)	مفردات اللغة
phonetics	ṣawtīāt (pl)	صوتيات
textbook	ketāb ta'līm (m)	كتاب تعليم
dictionary	qamūs (m)	قاموس
teach-yourself book	ketāb ta'līm zāty (m)	كتاب تعليم ذاتي
phrasebook	ketāb lel 'ebarāt el ʃā'e'a (m)	كتاب للعبارت الشائعة
cassette, tape	kasett (m)	كاسيت
videotape	ʃerī'ṭ video (m)	شريط فيديو
CD, compact disc	sidī (m)	سي دي
DVD	dividī (m)	دي في دي
alphabet	abgadiya (f)	أبجدية
to spell (vt)	tahagga	تهجّى
pronunciation	noṭ' (m)	نطق
accent	lahga (f)	لهجة
with an accent	be lahga	بـ لهجة
without an accent	men ɣeyr lahga	من غير لهجة
word	kelma (f)	كلمة
meaning	ma'na (m)	معنى
course (e.g. a French ~)	dawra (f)	دورة
to sign up	saggel esmo	سجّل إسمه
teacher	modarres (m)	مدرّس
translation (process)	targama (f)	ترجمة
translation (text, etc.)	targama (f)	ترجمة
translator	motargem (m)	مترجم
interpreter	motargem fawwry (m)	مترجم فوّري
polyglot	'alīm be'eddet loɣāt (m)	عليم بعدّة لغات
memory	zākera (f)	ذاكرة

Rest. Entertainment. Travel

99. Trip. Travel

tourism, travel	seyāḥa (f)	سياحة
tourist	sā'eḥ (m)	سائح
trip, voyage	reḥla (f)	رحلة
adventure	moɣamra (f)	مغامرة
trip, journey	reḥla (f)	رحلة
holiday	agāza (f)	أجازة
to be on holiday	kān fi agāza	كان في أجازة
rest	estrāḥa (f)	إستراحة
train	qeṭār, 'aṭṭr (m)	قطار
by train	bel qeṭār - bel aṭṭr	بالقطار
aeroplane	ṭayāra (f)	طيّارة
by aeroplane	bel ṭayāra	بالطيّارة
by car	bel sayāra	بالسيّارة
by ship	bel safīna	بالسفينة
luggage	el ʃonaṭ (pl)	الشنط
suitcase	ʃanṭa (f)	شنطة
luggage trolley	'arabet ʃonaṭ (f)	عربة شنط
passport	basbore (m)	باسبور
visa	ta'ʃīra (f)	تأشيرة
ticket	tazkara (f)	تذكرة
air ticket	tazkara ṭayarān (f)	تذكرة طيران
guidebook	dalīl (m)	دليل
map (tourist ~)	χarīṭa (f)	خريطة
area (rural ~)	mante'a (f)	منطقة
place, site	makān (m)	مكان
exotica (n)	ɣarāba (f)	غرابة
exotic (adj)	ɣarīb	غريب
amazing (adj)	mod-heʃ	مدهش
group	magmū'a (f)	مجموعة
excursion, sightseeing tour	gawla (f)	جولة
guide (person)	morʃed (m)	مرشد

100. Hotel

hotel	fondo' (m)	فندق
motel	motel (m)	موتيل
three-star (~ hotel)	talat nogūm	ثلاث نجوم

five-star	χamas nogūm	خمس نجوم
to stay (in a hotel, etc.)	nezel	نزل
room	oḍa (f)	أوضة
single room	owḍa le ʃaχṣ wāḥed (f)	أوضة لشخص واحد
double room	oḍa le ʃaχṣeyn (f)	أوضة لشخصين
to book a room	ḥagaz owḍa	حجز أوضة
half board	wagbeteyn fel yome (du)	وجبتين في اليوم
full board	talat wagabāt fel yome	ثلاث وجبات في اليوم
with bath	bel banyo	بـ البانيو
with shower	bel doʃ	بالدوش
satellite television	televizion be qanawāt faḍā'iya (m)	تليفزيون بقنوات فضائية
air-conditioner	takyīf (m)	تكييف
towel	fūṭa (f)	فوطة
key	meftāḥ (m)	مفتاح
administrator	modīr (m)	مدير
chambermaid	'āmela tandīf ɣoraf (f)	عاملة تنظيف غرف
porter	ʃayāl (m)	شيّال
doorman	bawwāb (m)	بوّاب
restaurant	maṭ'am (m)	مطعم
pub, bar	bār (m)	بار
breakfast	foṭūr (m)	فطور
dinner	'aʃā' (m)	عشاء
buffet	bofeyh (m)	بوفيه
lobby	rad-ha (f)	ردهة
lift	asanseyr (m)	اسانسير
DO NOT DISTURB	nargu 'adam el ez'āg	نرجو عدم الإزعاج
NO SMOKING	mamnū' el tadχīn	ممنوع التدخين

TECHNICAL EQUIPMENT. TRANSPORT

Technical equipment

101. Computer

computer	kombuter (m)	كمبيوتر
notebook, laptop	lab tob (m)	لابتوب
to turn on	fataḥ, ʃagɣal	فتح, شغّل
to turn off	ṭaffa	طفّى
keyboard	lawḥet el mafatīḥ (f)	لوحة المفاتيح
key	meftāḥ (m)	مفتاح
mouse	maws (m)	ماوس
mouse mat	maws bād (m)	ماوس باد
button	zerr (m)	زرّ
cursor	mo'asʃer (m)	مؤشّر
monitor	ʃāʃa (f)	شاشة
screen	ʃāʃa (f)	شاشة
hard disk	hard disk (m)	هارد ديسك
hard disk capacity	se'et el hard disk (f)	سعة الهارد ديسك
memory	zākera (f)	ذاكرة
random access memory	zākerat el woṣūl el 'aʃwā'y (f)	ذاكرة الوصول العشوائي
file	malaff (m)	ملفّ
folder	ḥāfeza (m)	حافظة
to open (vt)	fataḥ	فتح
to close (vt)	'afal	قفل
to save (vt)	ḥafaẓ	حفظ
to delete (vt)	masaḥ	مسح
to copy (vt)	nasaχ	نسخ
to sort (vt)	ṣannaf	صنّف
to transfer (copy)	na'al	نقل
programme	barnāmeg (m)	برنامج
software	barmagīāt (pl)	برمجيّات
programmer	mobarmeg (m)	مبرمج
to program (vt)	barmag	برمج
hacker	haker (m)	هاكر
password	kelmet el serr (f)	كلمة السرّ
virus	virūs (m)	فيروس
to find, to detect	la'a	لقى
byte	byte (m)	بايت

megabyte	megabayt (m)	ميجا بايت
data	bayanāt (pl)	بيانات
database	qa'edet bayanāt (f)	قاعدة بيانات
cable (USB, etc.)	kabl (m)	كابل
to disconnect (vt)	faṣal	فصل
to connect (sth to sth)	waṣṣal	وصّل

102. Internet. E-mail

Internet	internet (m)	إنترنت
browser	motaṣaffeḥ (m)	متصفّح
search engine	moḥarrek baḥs (m)	محرك بحث
provider	ʃerket el internet (f)	شركة الإنترنت
webmaster	modīr el mawqe' (m)	مدير الموقع
website	mawqe' elektrony (m)	موقع الكتروني
web page	ṣafḥet web (f)	صفحة ويب
address (e-mail ~)	'enwān (m)	عنوان
address book	daftar el 'anawīn (m)	دفتر العناوين
postbox	ṣandū' el barīd (m)	صندوق البريد
post	barīd (m)	بريد
full (adj)	mumtali'	ممتلىء
message	resāla (f)	رسالة
incoming messages	rasa'el wārda (pl)	رسائل واردة
outgoing messages	rasa'el ṣādra (pl)	رسائل صادرة
sender	morsel (m)	مرسل
to send (vt)	arsal	أرسل
sending (of mail)	ersāl (m)	إرسال
receiver	morsel elayh (m)	مرسل إليه
to receive (vt)	estalam	إستلم
correspondence	morasla (f)	مراسلة
to correspond (vi)	tarāsal	تراسل
file	malaff (m)	ملفّ
to download (vt)	ḥammel	حمّل
to create (vt)	'amal	عمل
to delete (vt)	masaḥ	مسح
deleted (adj)	mamsūḥ	ممسوح
connection (ADSL, etc.)	etteṣāl (m)	إتّصال
speed	sor'a (f)	سرعة
modem	modem (m)	مودم
access	woṣūl (m)	وصول
port (e.g. input ~)	maχrag (m)	مخرج
connection (make a ~)	etteṣāl (m)	إتّصال
to connect to ... (vi)	yuwṣel	يوصل
to select (vt)	eχtār	إختار
to search (for ...)	baḥs	بحث

103. Electricity

electricity	kahraba' (m)	كهرباء
electric, electrical (adj)	kahrabā'y	كهربائي
electric power station	maḥaṭṭa kahraba'iya (f)	محطة كهربائيّة
energy	ṭāqa (f)	طاقة
electric power	ṭāqa kahraba'iya (f)	طاقة كهربائيّة
light bulb	lammba (f)	لمّبة
torch	kasʃāf el nūr (m)	كشّاف النور
street light	'amūd el nūr (m)	عمود النور
light	nūr (m)	نور
to turn on	fataḥ, ʃagɣal	فتح, شغّل
to turn off	ṭaffa	طفّى
to turn off the light	ṭaffa el nūr	طفّى النور
to burn out (vi)	eṭṭafa	إتّطفى
short circuit	dayra kahraba'iya 'aṣīra (f)	دائرة كهربائية قصيرة
broken wire	selk ma'ṭū' (m)	سلك مقطوع
contact (electrical ~)	talāmos (m)	تلامس
light switch	meftāḥ el nūr (m)	مفتاح النور
socket outlet	bareza el kaharaba' (f)	بريزة الكهرباء
plug	fīʃet el kahraba' (f)	فيشة الكهرباء
extension lead	selk tawṣīl (m)	سلك توصيل
fuse	fetīl (m)	فتيل
cable, wire	selk (m)	سلك
wiring	aslāk (pl)	أسلاك
ampere	ambere (m)	أمبير
amperage	ʃeddet el tayār (f)	شدّة التيّار
volt	volt (m)	فولت
voltage	el gohd el kaharab'y (m)	الجهد الكهربائي
electrical device	gehāz kahrabā'y (m)	جهاز كهربائي
indicator	mo'asʃer (m)	مؤشّر
electrician	kahrabā'y (m)	كهربائي
to solder (vt)	laḥam	لحم
soldering iron	adat laḥm (f)	إداة لحم
electric current	tayār kahrabā'y (m)	تيّاركهربائي

104. Tools

tool, instrument	adah (f)	أداة
tools	adawāt (pl)	أدوات
equipment (factory ~)	mo'eddāt (pl)	معدّات
hammer	ʃakūʃ (m)	شاكوش
screwdriver	mefakk (m)	مفكّ
axe	fa's (m)	فأس

saw	monʃār (m)	منشار
to saw (vt)	naʃar	نشر
plane (tool)	meshāg (m)	مسحاج
to plane (vt)	sahag	سحج
soldering iron	adat lahm (f)	إداة لحم
to solder (vt)	laham	لحم
file (tool)	mabrad (m)	مبرد
carpenter pincers	kamʃa (f)	كمشة
combination pliers	zardiya (f)	زرديّة
chisel	ezmīl (m)	إزميل
drill bit	mesqāb (m)	مثقاب
electric drill	drill kahrabā'y (m)	دريل كهربائي
to drill (vi, vt)	hafar	حفر
knife	sekkīna (f)	سكّينة
pocket knife	sekkīnet gīb (m)	سكّينة جيب
blade	ʃafra (f)	شفرة
sharp (blade, etc.)	hād	حاد
dull, blunt (adj)	telma	تلمة
to get blunt (dull)	kānet telma	كانت تلمة
to sharpen (vt)	sann	سنّ
bolt	mesmār 'alawoze (m)	مسمار قلاووظ
nut	ṣamūla (f)	صامولة
thread (of a screw)	χaʃχana (f)	خشخنة
wood screw	'alawūz (m)	قلاووظ
nail	mesmār (m)	مسمار
nailhead	rās el mesmār (m)	رأس المسمار
ruler (for measuring)	masṭara (f)	مسطرة
tape measure	ʃerī'ṭ el 'eyās (m)	شريط القياس
spirit level	mizān el maya (m)	ميزان الميّة
magnifying glass	'adasa mokabbera (f)	عدسة مكبّرة
measuring instrument	gehāz 'eyās (m)	جهاز قياس
to measure (vt)	'ās	قاس
scale (temperature ~, etc.)	me'yās (m)	مقياس
readings	qerā'a (f)	قراءة
compressor	kombressor (m)	كومبرسور
microscope	mikroskob (m)	ميكروسكوب
pump (e.g. water ~)	ṭolommba (f)	طلمبّة
robot	robot (m)	روبوت
laser	laser (m)	ليزر
spanner	meftāh rabṭ (m)	مفتاح ربط
adhesive tape	laz' (m)	لزق
glue	ṣamɣ (m)	صمغ
sandpaper	wara' ṣanfara (m)	ورق صنفرة
spring	sosta (f)	سوستة

magnet	meɣnaṭīs (m)	مغنطيس
gloves	gwanty (m)	جوانتي
rope	ḥabl (m)	حبل
cord	selk (m)	سلك
wire (e.g. telephone ~)	selk (m)	سلك
cable	kabl (m)	كابل
sledgehammer	marzaba (f)	مرزبة
prybar	ʿatala (f)	عتلة
ladder	sellem (m)	سلّم
stepladder	sellem naʾāl (m)	سلّم نقال
to screw (tighten)	aḥkam el ʃadd	أحكم الشدّ
to unscrew (lid, filter, etc.)	fataḥ	فتح
to tighten (e.g. with a clamp)	kamaʃ	كمش
to glue, to stick	alṣaq	ألصق
to cut (vt)	ʾaṭaʿ	قطع
malfunction (fault)	ʿoṭl (m)	عطل
repair (mending)	taṣlīḥ (m)	تصليح
to repair, to fix (vt)	ṣallaḥ	صلّح
to adjust (machine, etc.)	ḍabaṭ	ضبط
to check (to examine)	eχtabar	إختبر
checking	faḥṣ (m)	فحص
readings	qerāʾa (f)	قراءة
reliable, solid (machine)	matīn	متين
complex (adj)	morakkab	مركّب
to rust (get rusted)	ṣadaʾ	صدئ
rusty (adj)	meṣaddy	مصدّي
rust	ṣadaʾ (m)	صدأ

Transport

105. Aeroplane

aeroplane	ṭayāra (f)	طيّارة
air ticket	tazkara ṭayarān (f)	تذكرة طيران
airline	ʃerket ṭayarān (f)	شركة طيران
airport	maṭār (m)	مطار
supersonic (adj)	χāreq lel ṣote	خارق للصوت
captain	kabten (m)	كابتن
crew	ṭa'm (m)	طقم
pilot	ṭayār (m)	طيّار
stewardess	moḍīfet ṭayarān (f)	مضيفة طيران
navigator	mallāḥ (m)	ملاّح
wings	agneḥa (pl)	أجنحة
tail	deyl (m)	ذيل
cockpit	kabīna (f)	كابينة
engine	motore (m)	موتور
undercarriage (landing gear)	'agalāt el hobūṭ (pl)	عجلات الهبوط
turbine	torbīna (f)	توربينة
propeller	marwaḥa (f)	مروحة
black box	mosaggel el ṭayarān (m)	مسجّل الطيران
yoke (control column)	moqawwed el ṭayāra (m)	مقوّد الطيّارة
fuel	woqūd (m)	وقود
safety card	beṭā'et el salāma (f)	بطاقة السلامة
oxygen mask	mask el oksyʒīn (m)	ماسك الاوكسيجين
uniform	zayī muwaḥḥad (m)	زيّ موحّد
lifejacket	sotret nagah (f)	سترة نجاة
parachute	baraʃot (m)	باراشوت
takeoff	eqlā' (m)	إقلاع
to take off (vi)	aqla'et	أقلعت
runway	modarrag el ṭa'erāṭ (m)	مدرّج الطائرات
visibility	ro'ya (f)	رؤية
flight (act of flying)	ṭayarān (m)	طيران
altitude	ertefā' (m)	إرتفاع
air pocket	geyb hawā'y (m)	جيب هوائي
seat	meq'ad (m)	مقعد
headphones	samma'āt ra'siya (pl)	سمّاعات رأسية
folding tray (tray table)	ṣeniya qabela lel ṭayī (f)	صينية قابلة للطيّ
airplane window	ʃebbāk el ṭayāra (m)	شبّاك الطيّارة
aisle	mamarr (m)	ممرّ

106. Train

train	qeṭār, ʾaṭṭr (m)	قطار
commuter train	qeṭār rokkāb (m)	قطار ركّاب
express train	qeṭār saree' (m)	قطار سريع
diesel locomotive	qāṭeret dīzel (f)	قاطرة ديزل
steam locomotive	qāṭera boxariya (f)	قاطرة بخاريّة
coach, carriage	'araba (f)	عربة
buffet car	'arabet el ṭa'ām (f)	عربة الطعام
rails	qoḍbān (pl)	قضبان
railway	sekka ḥadīdiya (f)	سكّة حديديّة
sleeper (track support)	'āreḍa sekket ḥadīd (f)	عارضة سكّة الحديد
platform (railway ~)	raṣīf (m)	رصيف
platform (~ 1, 2, etc.)	xaṭṭ (m)	خطّ
semaphore	semafore (m)	سيمافور
station	maḥaṭṭa (f)	محطّة
train driver	sawwāʾ (m)	سوّاق
porter (of luggage)	ʃayāl (m)	شيّال
carriage attendant	masʾūl 'arabet el qeṭār (m)	مسؤول عربة القطار
passenger	rākeb (m)	راكب
ticket inspector	kamsary (m)	كمسري
corridor (in train)	mamarr (m)	ممرّ
emergency brake	farāmel el ṭawāreʾ (pl)	فرامل الطوارئ
compartment	ɣorfa (f)	غرفة
berth	serīr (m)	سرير
upper berth	serīr 'olwy (m)	سرير علويّ
lower berth	serīr sofly (m)	سرير سفلي
bed linen, bedding	aɣṭeyot el serīr (pl)	أغطيّة السرير
ticket	tazkara (f)	تذكرة
timetable	gadwal (m)	جدول
information display	lawḥet ma'lomāt (f)	لوحة معلومات
to leave, to depart	ɣādar	غادر
departure (of a train)	moɣadra (f)	مغادرة
to arrive (ab. train)	weṣel	وصل
arrival	woṣūl (m)	وصول
to arrive by train	weṣel bel qeṭār	وصل بالقطار
to get on the train	rekeb el qeṭār	ركب القطار
to get off the train	nezel men el qeṭār	نزل من القطار
train crash	ḥeṭām qeṭār (m)	حطام قطار
to derail (vi)	xarag 'an xaṭṭ sīru	خرج عن خطّ سيره
steam locomotive	qāṭera boxariya (f)	قاطرة بخاريّة
stoker, fireman	'atʃagy (m)	عطشجي
firebox	forn el moḥarrek (m)	فرن المحرّك
coal	faḥm (m)	فحم

107. Ship

ship	safīna (f)	سفينة
vessel	safīna (f)	سفينة
steamship	baχera (f)	باخرة
riverboat	baχera nahriya (f)	باخرة نهرية
cruise ship	safīna seyaḥiya (f)	سفينة سياحيّة
cruiser	ṭarrād safīna baḥariya (m)	طرّاد سفينة بحريّة
yacht	yaχt (m)	يخت
tugboat	qāṭera baḥariya (f)	قاطرة بحريّة
barge	ṣandal (m)	صندل
ferry	ʿabbāra (f)	عبّارة
sailing ship	safīna ʃeraʿiya (m)	سفينة شراعيّة
brigantine	markeb ʃerāʿy (m)	مركب شراعي
ice breaker	moḥaṭṭemet galīd (f)	محطّمة جليد
submarine	ɣawwāṣa (f)	غوّاصة
boat (flat-bottomed ~)	markeb (m)	مركب
dinghy (lifeboat)	zawraʾ (m)	زورق
lifeboat	qāreb nagah (m)	قارب نجاة
motorboat	lunʃ (m)	لنش
captain	ʾobṭān (m)	قبطان
seaman	baḥḥār (m)	بحّار
sailor	baḥḥār (m)	بحّار
crew	ṭāqem (m)	طاقم
boatswain	rabbān (m)	ربّان
ship's boy	ṣaby el safīna (m)	صبي السفينة
cook	ṭabbāχ (m)	طبّاخ
ship's doctor	ṭabīb el safīna (m)	طبيب السفينة
deck	saṭ-ḥ el safīna (m)	سطح السفينة
mast	sāreya (f)	سارية
sail	ʃerāʿ (m)	شراع
hold	ʿanbar (m)	عنبر
bow (prow)	moʾaddema (m)	مقدّمة
stern	moʾaχeret el safīna (f)	مؤخّرة السفينة
oar	megdāf (m)	مجذاف
screw propeller	marwaḥa (f)	مروحة
cabin	kabīna (f)	كابينة
wardroom	ɣorfet el ṭaʿām wel rāḥa (f)	غرفة الطعام والراحة
engine room	qesm el ʾālāt (m)	قسم الآلات
bridge	borg el qeyāda (m)	برج القيادة
radio room	ɣorfet el lāselky (f)	غرفة اللاسلكي
wave (radio)	mouga (f)	موجة
logbook	segel el safīna (m)	سجل السفينة
spyglass	monzār (m)	منظار
bell	garas (m)	جرس

flag	ʿalam (m)	علم
hawser (mooring ~)	ḥabl (m)	حبل
knot (bowline, etc.)	ʿoʾda (f)	عقدة
deckrails	drabzīn saṭ-ḥ el safīna (m)	درابزين سطح السفينة
gangway	sellem (m)	سلّم
anchor	marsāh (f)	مرساة
to weigh anchor	rafaʿ morsah	رفع مرساة
to drop anchor	rasa	رسا
anchor chain	selselet morsah (f)	سلسلة مرساة
port (harbour)	mināʾ (m)	ميناء
quay, wharf	marsa (m)	مرسى
to berth (moor)	rasa	رسا
to cast off	aqlaʿ	أقلع
trip, voyage	reḥla (f)	رحلة
cruise (sea trip)	reḥla baḥariya (f)	رحلة بحريّة
course (route)	masār (m)	مسار
route (itinerary)	ṭarīʾ (m)	طريق
fairway (safe water channel)	magra melāḥy (m)	مجرى ملاحيّ
shallows	meyāh ḍaḥla (f)	مياه ضحلة
to run aground	ganaḥ	جنح
storm	ʿāṣefa (f)	عاصفة
signal	eʃara (f)	إشارة
to sink (vi)	ɣereʾ	غرق
Man overboard!	saʾaṭ rāgil min el sefīna!	سقط راجل من السفينة!
SOS (distress signal)	nedāʾ eɣāsa (m)	نداء إغاثة
ring buoy	ṭoʾe nagah (m)	طوق نجاة

108. Airport

airport	maṭār (m)	مطار
aeroplane	ṭayāra (f)	طيّارة
airline	ʃerket ṭayarān (f)	شركة طيران
air traffic controller	marākeb el ḥaraka el gawiya (m)	مراكب الحركة الجويّة
departure	moɣadra (f)	مغادرة
arrival	woṣūl (m)	وصول
to arrive (by plane)	weṣel	وصل
departure time	waʾt el moɣadra (m)	وقت المغادرة
arrival time	waʾt el woṣūl (m)	وقت الوصول
to be delayed	taʾakχar	تأخّر
flight delay	taʾaχor el reḥla (m)	تأخّر الرحلة
information board	lawḥet el maʿlomāt (f)	لوحة المعلومات
information	esteʿlamāt (pl)	إستعلامات
to announce (vt)	aʿlan	أعلن

flight (e.g. next ~)	reḥlet ṭayarān (f)	رحلة طيران
customs	gamārek (pl)	جمارك
customs officer	mowazzaf el gamārek (m)	موظّف الجمارك
customs declaration	taṣrīḥ gomroky (m)	تصريح جمركي
to fill in (vt)	mala	ملا
to fill in the declaration	mala el taṣrīḥ	ملأ التصريح
passport control	taftīʃ el gawazāt (m)	تفتيش الجوازات
luggage	el ʃonaṭ (pl)	الشنط
hand luggage	ʃonaṭ el yad (pl)	شنط اليد
luggage trolley	ʿarabet ʃonaṭ (f)	عربة شنط
landing	hobūṭ (m)	هبوط
landing strip	mamarr el hobūṭ (m)	ممرّ الهبوط
to land (vi)	habaṭ	هبط
airstair (passenger stair)	sellem el ṭayāra (m)	سلّم الطيّارة
check-in	tasgīl (m)	تسجيل
check-in counter	makān tasgīl (m)	مكان تسجيل
to check-in (vi)	saggel	سجّل
boarding card	beṭāqet el rokūb (f)	بطاقة الركوب
departure gate	bawwābet el moɣadra (f)	بوّابة المغادرة
transit	tranzīt (m)	ترانزيت
to wait (vt)	estanna	إستنّى
departure lounge	ṣālet el moɣadra (f)	صالة المغادرة
to see off	waddaʿ	ودّع
to say goodbye	waddaʿ	ودّع

Life events

109. Holidays. Event

celebration, holiday	ʿīd (m)	عيد
national day	ʿīd waṭany (m)	عيد وطني
public holiday	agāza rasmiya (f)	أجازة رسميّة
to commemorate (vt)	eḥtafal be zekra	إحتفل بذكرى
event (happening)	ḥadass (m)	حدث
event (organized activity)	monasba (f)	مناسبة
banquet (party)	walīma (f)	وليمة
reception (formal party)	ḥaflet esteʾbāl (f)	حفلة إستقبال
feast	walīma (f)	وليمة
anniversary	zekra sanawiya (f)	ذكرى سنوية
jubilee	yobeyl (m)	يوبيل
to celebrate (vt)	eḥtafal	إحتفل
New Year	raʾs el sanna (m)	رأس السنة
Happy New Year!	koll sana wenta ṭayeb!	!كلّ سنة وأنت طيّب
Father Christmas	baba neweyl (m)	بابا نويل
Christmas	ʿīd el melād (m)	عيد الميلاد
Merry Christmas!	ʿīd melād saʿīd!	!عيد ميلاد سعيد
Christmas tree	ʃagaret el kresmas (f)	شجرة الكريسمس
fireworks (fireworks show)	alʿāb nāriya (pl)	ألعاب ناريّة
wedding	faraḥ (m)	فرح
groom	ʿarīs (m)	عريس
bride	ʿarūsa (f)	عروسة
to invite (vt)	ʿazam	عزم
invitation card	beṭāʾet daʿwa (f)	بطاقة دعوة
guest	ḍeyf (m)	ضيف
to visit (~ your parents, etc.)	zār	زار
to meet the guests	estaʾbal ḍoyūf	إستقبل ضيوف
gift, present	hediya (f)	هديّة
to give (sth as present)	edda	إدّى
to receive gifts	estalam hadāya	إستلم هدايا
bouquet (of flowers)	bokeyh (f)	بوكيه
congratulations	tahneʾa (f)	تهنئة
to congratulate (vt)	hanna	هنّأ
greetings card	beṭāʾet tahneʾa (f)	بطاقة تهنئة
to send a postcard	baʿat beṭāʾet tahneʾa	بعت بطاقة تهنئة
to get a postcard	estalam beṭāʾa tahneʾa	استلم بطاقة تهنئة

toast	naχab (m)	نخب
to offer (a drink, etc.)	ḍayaf	ضيّف
champagne	ʃambania (f)	شمبانيا
to enjoy oneself	estamtaʿ	إستمتع
merriment (gaiety)	bahga (f)	بهجة
joy (emotion)	saʿāda (f)	سعادة
dance	raʾṣa (f)	رقصة
to dance (vi, vt)	raʾaṣ	رقص
waltz	valles (m)	فالس
tango	tango (m)	تانجو

110. Funerals. Burial

cemetery	maqbara (f)	مقبرة
grave, tomb	ʾabr (m)	قبر
cross	ṣalīb (m)	صليب
gravestone	ḥagar el maʾʾbara (m)	حجر المقبرة
fence	sūr (m)	سور
chapel	kenīsa saɣīra (f)	كنيسة صغيرة
death	mote (m)	موت
to die (vi)	māt	مات
the deceased	el motawaffy (m)	المتوفّي
mourning	ḥedād (m)	حداد
to bury (vt)	dafan	دفن
undertakers	maktab motaʿahhed el dafn (m)	مكتب متعهّد الدفن
funeral	ganāza (f)	جنازة
wreath	eklīl (m)	إكليل
coffin	tabūt (m)	تابوت
hearse	naʿʃ (m)	نعش
shroud	kafan (m)	كفن
funeral procession	ganāza (f)	جنازة
funerary urn	garra ganaʾeziya (f)	جرّة جنائزية
crematorium	maḥraʾet gosas el mawta (f)	محرقة جثث الموتى
obituary	segel el wafīāt (m)	سجل الوفيات
to cry (weep)	baka	بكى
to sob (vi)	nawwaḥ	نوّح

111. War. Soldiers

platoon	faṣīla (f)	فصيلة
company	serriya (f)	سريّة
regiment	foge (m)	فوج
army	geyʃ (m)	جيش

division	fer'a (f)	فرقة
section, squad	weḥda (f)	وحدة
host (army)	geyʃ (m)	جيش
soldier	gondy (m)	جنّدي
officer	ḍābeṭ (m)	ضابط
private	gondy (m)	جنّدي
sergeant	raqīb tāny (m)	رقيب تاني
lieutenant	molāzem tāny (m)	ملازم تاني
captain	naqīb (m)	نقيب
major	rā'ed (m)	رائد
colonel	'aqīd (m)	عقيد
general	ʒenerāl (m)	جنرال
sailor	baḥḥār (m)	بحّار
captain	'obṭān (m)	قبطان
boatswain	rabbān (m)	ربّان
artilleryman	gondy fe selāḥ el madfa'iya (m)	جنّدي في سلاح المدفعيّة
paratrooper	selāḥ el maẓallāt (m)	سلاح المظلّلات
pilot	ṭayār (m)	طيّار
navigator	mallāḥ (m)	ملاّح
mechanic	mikanīky (m)	ميكانيكي
pioneer (sapper)	mohandes 'askary (m)	مهندس عسكري
parachutist	gondy el baraʃot (m)	جنّدي الباراشوت
reconnaissance scout	kaʃāfet el esteṭlā' (f)	كشّافة الإستطلاع
sniper	qannāṣ (m)	قنّاص
patrol (group)	dawriya (f)	دوّريّة
to patrol (vt)	'ām be dawriya	قام بدوريّة
sentry, guard	ḥāres (m)	حارس
warrior	muḥāreb (m)	محارب
patriot	waṭany (m)	وطني
hero	baṭal (m)	بطل
heroine	baṭala (f)	بطلة
traitor	χāyen (m)	خاين
to betray (vt)	χān	خان
deserter	hāreb men el gondiya (m)	هارب من الجنديّة
to desert (vi)	farr men el geyʃ	فرّ من الجيش
mercenary	ma'gūr (m)	مأجور
recruit	gondy gedīd (m)	جنّدي جديد
volunteer	motaṭawwe' (m)	متطوّع
dead (n)	'atīl (m)	قتيل
wounded (n)	garīḥ (m)	جريح
prisoner of war	asīr ḥarb (m)	أسير حرب

112. War. Military actions. Part 1

war	ḥarb (f)	حرب
to be at war	ḥārab	حارب
civil war	ḥarb ahliya (f)	حرب أهليّة
treacherously (adv)	ɣadran	غدراً
declaration of war	eʿlān ḥarb (m)	إعلان حرب
to declare (~ war)	aʿlan	أعلن
aggression	ʿedwān (m)	عدوان
to attack (invade)	hagam	هجم
to invade (vt)	eḥtall	إحتلّ
invader	moḥtell (m)	محتلّ
conqueror	fāteḥ (m)	فاتح
defence	defāʿ (m)	دفاع
to defend (a country, etc.)	dāfaʿ	دافع
to defend (against ...)	dāfaʿ ʿan ...	دافع عن ...
enemy	ʿadeww (m)	عدوّ
foe, adversary	χeṣm (m)	خصم
enemy (as adj)	ʿadeww	عدوّ
strategy	estrateʒiya (f)	إستراتيجيّة
tactics	taktīk (m)	تكتيك
order	amr (m)	أمر
command (order)	amr (m)	أمر
to order (vt)	amar	أمر
mission	mohemma (f)	مهمّة
secret (adj)	serry	سرّي
battle	maʿraka (f)	معركة
combat	ʾetāl (m)	قتال
attack	hogūm (m)	هجوم
charge (assault)	enqeḍāḍ (m)	إنقضاض
to storm (vt)	enqaḍḍ	إنقضّ
siege (to be under ~)	ḥeṣār (m)	حصار
offensive (n)	hogūm (m)	هجوم
to go on the offensive	hagam	هجم
retreat	enseḥāb (m)	إنسحاب
to retreat (vi)	ensaḥab	إنسحب
encirclement	eḥāṭa (f)	إحاطة
to encircle (vt)	aḥāṭ	أحاط
bombing (by aircraft)	ʾaṣf (m)	قصف
to drop a bomb	asqaṭ qonbola	أسقط قنبلة
to bomb (vt)	ʾaṣaf	قصف
explosion	enfegār (m)	إنفجار
shot	ṭalʾa (f)	طلقة

to fire (~ a shot)	aṭlaq el nār	أطلق النار
firing (burst of ~)	eṭlāq nār (m)	إطلاق نار
to aim (to point a weapon)	ṣawwab ʿala ...	... صوّب على
to point (a gun)	ṣawwab	صوّب
to hit (the target)	aṣāb el hadaf	أصاب الهدف
to sink (~ a ship)	aɣraʾ	أغرق
hole (in a ship)	soqb (m)	ثقب
to founder, to sink (vi)	ɣereʾ	غرق
front (war ~)	gabha (f)	جبهة
evacuation	eχlāʾ (m)	إخلاء
to evacuate (vt)	aχla	أخلى
trench	χondoq (m)	خندق
barbed wire	aslāk ʃāʾeka (pl)	أسلاك شائكة
barrier (anti tank ~)	ḥāgez (m)	حاجز
watchtower	borg moraʾba (m)	برج مراقبة
military hospital	mostaʃfa ʿaskary (m)	مستشفى عسكري
to wound (vt)	garaḥ	جرح
wound	garḥ (m)	جرح
wounded (n)	garīḥ (m)	جريح
to be wounded	oṣīb bel garḥ	أصيب بالجرح
serious (wound)	χaṭīr	خطير

113. War. Military actions. Part 2

captivity	asr (m)	أسر
to take captive	asar	أسر
to be held captive	etʾasar	أتأسر
to be taken captive	weʾeʿ fel asr	وقع في الأسر
concentration camp	moʿaskar eʿteqāl (m)	معسكر إعتقال
prisoner of war	asīr ḥarb (m)	أسير حرب
to escape (vi)	hereb	هرب
to betray (vt)	χān	خان
betrayer	χāyen (m)	خاين
betrayal	χeyāna (f)	خيانة
to execute (by firing squad)	aʿdam ramyan bel roṣāṣ	أعدم رمياً بالرصاص
execution (by firing squad)	eʿdām ramyan bel roṣāṣ (m)	إعدام رمياً بالرصاص
equipment (military gear)	el ʿetād el ʿaskary (m)	العتاد العسكري
shoulder board	kattāfa (f)	كتافة
gas mask	qenāʿ el ɣāz (m)	قناع الغاز
field radio	gehāz lāselky (m)	جهاز لاسلكي
cipher, code	ʃafra (f)	شفرة
secrecy	serriya (f)	سرّية
password	kelmet el morūr (f)	كلمة مرور
land mine	loɣz arāḍy (m)	لغم أرضي

to mine (road, etc.)	lagɣam	لغّم
minefield	ḥaql alɣām (m)	حقل ألغام
air-raid warning	enzār gawwy (m)	إنذار جوّي
alarm (alert signal)	enzār (m)	إنذار
signal	eʃara (f)	إشارة
signal flare	eʃāra moḍīʾa (f)	إشارة مضيئة
headquarters	maqarr (m)	مقرّ
reconnaissance	kaʃāfet el esteṭlāʿ (f)	كشّافة الإستطلاع
situation	ḥāla (f), waḍʿ (m)	حالة, وضع
report	taʾrīr (m)	تقرير
ambush	kamīn (m)	كمين
reinforcement (army)	emdadāt ʿaskariya (pl)	إمدادات عسكريّة
target	hadaf (m)	هدف
training area	arḍ eχtebār (m)	أرض إختبار
military exercise	monawrāt ʿaskariya (pl)	مناورات عسكريّة
panic	zoʿr (m)	ذعر
devastation	damār (m)	دمار
destruction, ruins	ḥeṭām (pl)	حطام
to destroy (vt)	dammar	دمّر
to survive (vi, vt)	negy	نجي
to disarm (vt)	garrad men el selāḥ	جرّد من السلاح
to handle (~ a gun)	estaʿmel	إستعمل
Attention!	entebāh!	إنتباه!
At ease!	estareḥ!	إسترح!
feat, act of courage	maʾsara (f)	مأثرة
oath (vow)	qasam (m)	قسم
to swear (an oath)	aqsam	أقسم
decoration (medal, etc.)	wesām (m)	وسام
to award (give a medal to)	manaḥ	منح
medal	medalya (f)	ميدالية
order (e.g. ~ of Merit)	wesām ʿaskary (m)	وسام عسكري
victory	enteṣār - foze (m)	إنتصار, فوز
defeat	hazīma (f)	هزيمة
armistice	hodna (f)	هدنة
standard (battle flag)	rāyet el maʿraka (f)	راية المعركة
glory (honour, fame)	magd (m)	مجد
parade	mawkeb (m)	موكب
to march (on parade)	sār	سار

114. Weapons

weapons	asleḥa (pl)	أسلحة
firearms	asleḥa nāriya (pl)	أسلحة ناريّة
cold weapons (knives, etc.)	asleḥa bayḍāʾ (pl)	أسلحة بيضاء

chemical weapons	asleḥa kemawiya (pl)	أسلحة كيماويّة
nuclear (adj)	nawawy	نوويّ
nuclear weapons	asleḥa nawawiya (pl)	أسلحة نوويّة
bomb	qonbela (f)	قنبلة
atomic bomb	qonbela nawawiya (f)	قنبلة نوويّة
pistol (gun)	mosaddas (m)	مسدّس
rifle	bondoqiya (f)	بندقيّة
submachine gun	mosaddas rasʃāʃ (m)	مسدّس رشّاش
machine gun	rasʃāʃ (m)	رشّاش
muzzle	fawha (f)	فوهة
barrel	anbūba (f)	أنبوبة
calibre	ʿeyār (m)	عيار
trigger	zanād (m)	زناد
sight (aiming device)	moṣawweb (m)	مصوّب
magazine	maχzan (m)	مخزن
butt (shoulder stock)	ʿaqab el bondoʾiya (m)	عقب البندقيّة
hand grenade	qonbela yadawiya (f)	قنبلة يدويّة
explosive	mawād motafaggera (pl)	مواد متفجّرة
bullet	roṣāṣa (f)	رصاصة
cartridge	χarṭūʃa (f)	خرطوشة
charge	ḥaʃwa (f)	حشوة
ammunition	zaχīra (f)	ذخيرة
bomber (aircraft)	qazefet qanābel (f)	قاذفة قنابل
fighter	ṭayāra muqātela (f)	طيّارة مقاتلة
helicopter	heliokobter (m)	هليكوبتر
anti-aircraft gun	madfaʿ moḍād lel ṭaʾerāṭ (m)	مدفع مضاد للطائرات
tank	ḍabbāba (f)	دبّابة
tank gun	madfaʿ el dabbāba (m)	مدفع الدبّابة
artillery	madfaʿiya (f)	مدفعيّة
gun (cannon, howitzer)	madfaʿ (m)	مدفع
to lay (a gun)	ṣawwab	صوّب
shell (projectile)	qazīfa (f)	قذيفة
mortar bomb	qonbela hawn (f)	قنبلة هاون
mortar	hawn (m)	هاون
splinter (shell fragment)	ʃazya (f)	شظية
submarine	ɣawwāṣa (f)	غوّاصة
torpedo	ṭorbīd (m)	طوربيد
missile	ṣarūχ (m)	صاروخ
to load (gun)	ʿammar	عمّر
to shoot (vi)	ḍarab bel nār	ضرب بالنار
to point at (the cannon)	ṣawwab ʿala ...	صوّب على ...
bayonet	ḥerba (f)	حربة
rapier	seyf zu ḥaddeyn (m)	سيف ذو حدّين
sabre (e.g. cavalry ~)	seyf monḥany (m)	سيف منحني

spear (weapon)	remḥ (m)	رمح
bow	qose (m)	قوس
arrow	sahm (m)	سهم
musket	musket (m)	مسكيت
crossbow	qose mostaʿraḍ (m)	قوس مستعرض

115. Ancient people

primitive (prehistoric)	bedāʾy	بدائي
prehistoric (adj)	ma qabl el tarīχ	ما قبل التاريخ
ancient (~ civilization)	ʾadīm	قديم
Stone Age	el ʿaṣr el ḥagary (m)	العصر الحجري
Bronze Age	el ʿaṣr el bronzy (m)	العصر البرونزي
Ice Age	el ʿaṣr el galīdy (m)	العصر الجليدي
tribe	qabīla (f)	قبيلة
cannibal	ʾākel loḥūm el baʃar (m)	آكل لحوم البشر
hunter	ṣayād (m)	صيّاد
to hunt (vi, vt)	eṣṭād	إصطاد
mammoth	mamūθ (m)	ماموث
cave	kahf (m)	كهف
fire	nār (f)	نار
campfire	nār moχayem (m)	نار مخيّم
cave painting	rasm fel kahf (m)	رسم في الكهف
tool (e.g. stone axe)	adah (f)	أداة
spear	remḥ (m)	رمح
stone axe	faʾs ḥagary (m)	فأس حجري
to be at war	ḥārab	حارب
to domesticate (vt)	estaʾnas	استئنس
idol	ṣanam (m)	صنم
to worship (vt)	ʿabad	عبد
superstition	χorāfa (f)	خرافة
rite	mansak (m)	منسك
evolution	taṭṭawwor (m)	تطوّر
development	nomoww (m)	نموّ
disappearance (extinction)	enqerāḍ (m)	إنقراض
to adapt oneself	takayaf (maʿ)	تكيّف (مع)
archaeology	ʿelm el ʾāsār (m)	علم الآثار
archaeologist	ʿālem āsār (m)	عالم آثار
archaeological (adj)	asary	أثري
excavation site	mawqeʿ ḥafr (m)	موقع حفر
excavations	tanqīb (m)	تنقيب
find (object)	ekteʃāf (m)	إكتشاف
fragment	ʾeṭʿa (f)	قطعة

116. Middle Ages

people (ethnic group)	ʃa'b (m)	شعب
peoples	ʃo'ūb (pl)	شعوب
tribe	qabīla (f)	قبيلة
tribes	qabā'el (pl)	قبائل
barbarians	el barabra (pl)	البرابرة
Gauls	el ɣaliyūn (pl)	الغاليّون
Goths	el qūṭiyūn (pl)	القوطيون
Slavs	el selāf (pl)	السلاف
Vikings	el viking (pl)	الفايكينج
Romans	el romān (pl)	الرومان
Roman (adj)	romāny	روماني
Byzantines	bizanṭiyūn (pl)	بيزنطيون
Byzantium	bīzanṭa (f)	بيزنطة
Byzantine (adj)	bīzanṭy	بيزنطي
emperor	embraṭore (m)	إمبراطور
leader, chief (tribal ~)	za'īm (m)	زعيم
powerful (~ king)	gabbār	جبّار
king	malek (m)	ملك
ruler (sovereign)	ḥākem (m)	حاكم
knight	fāres (m)	فارس
feudal lord	eqṭā'y (m)	إقطاعي
feudal (adj)	eqṭā'y	إقطاعي
vassal	ḥākem tābe' (m)	حاكم تابع
duke	dū' (m)	دوق
earl	earl (m)	ايرل
baron	barūn (m)	بارون
bishop	asqof (m)	أسقف
armour	der' (m)	درع
shield	der' (m)	درع
sword	seyf (m)	سيف
visor	ḥaffa amamiya lel χoza (f)	حافة أماميّة للخوذة
chainmail	der' el zard (m)	درع الزرد
Crusade	ḥamla ṣalībiya (f)	حملة صليبيّة
crusader	ṣalīby (m)	صليبي
territory	arḍ (f)	أرض
to attack (invade)	hagam	هجم
to conquer (vt)	fataḥ	فتح
to occupy (invade)	eḥtall	إحتلّ
siege (to be under ~)	ḥeṣār (m)	حصار
besieged (adj)	moḥāṣar	محاصر
to besiege (vt)	ḥāṣar	حاصر
inquisition	maḥākem el taftīʃ (pl)	محاكم التفتيش
inquisitor	mofatteʃ (m)	مفتّش

torture	taʿzīb (m)	تعذيب
cruel (adj)	waḥʃy	وحشي
heretic	moharṭeq (m)	مهرطق
heresy	harṭa'a (f)	هرطقة
seafaring	el safar bel baḥr (m)	السفر بالبحر
pirate	ʾorṣān (m)	قرصان
piracy	ʾarṣana (f)	قرصنة
boarding (attack)	mohagmet safīna (f)	مهاجمة سفينة
loot, booty	ɣanīma (f)	غنيمة
treasure	konūz (pl)	كنوز
discovery	ekteʃāf (m)	إكتشاف
to discover (new land, etc.)	ektaʃaf	إكتشف
expedition	beʿsa (f)	بعثة
musketeer	fāres (m)	فارس
cardinal	kardinal (m)	كاردينال
heraldry	ʃeʿārāt el nabāla (pl)	شعارات النبالة
heraldic (adj)	χāṣṣ be ʃeʿarāt el nebāla	خاصّ بشعارات النبالة

117. Leader. Chief. Authorities

king	malek (m)	ملك
queen	maleka (f)	ملكة
royal (adj)	malaky	ملكي
kingdom	mamlaka (f)	مملكة
prince	amīr (m)	أمير
princess	amīra (f)	أميرة
president	ra'īs (m)	رئيس
vice-president	nā'eb el ra'īs (m)	نائب الرئيس
senator	ʿoḍw magles el ʃoyūχ (m)	عضو مجلس الشيوخ
monarch	ʿāhel (m)	عاهل
ruler (sovereign)	ḥākem (m)	حاكم
dictator	dektatore (m)	ديكتاتور
tyrant	ṭāɣeya (f)	طاغية
magnate	ra'smāly kebīr (m)	رأسمالي كبير
director	modīr (m)	مدير
chief	ra'īs (m)	رئيس
manager (director)	modīr (m)	مدير
boss	ra'īs (m)	رئيس
owner	ṣāḥeb (m)	صاحب
leader	zaʿīm (m)	زعيم
head (~ of delegation)	ra'īs (m)	رئيس
authorities	solṭāt (pl)	سلطات
superiors	ro'asā' (pl)	رؤساء
governor	muḥāfeẓ (m)	محافظ
consul	qonṣol (m)	قنصل

diplomat	deblomāsy (m)	دبلوماسي
mayor	ra'īs el baladiya (m)	رئيس البلديّة
sheriff	ʃerīf (m)	شريف
emperor	embraṭore (m)	إمبراطور
tsar, czar	qayṣar (m)	قيصر
pharaoh	fer'one (m)	فرعون
khan	χān (m)	خان

118. Breaking the law. Criminals. Part 1

bandit	qāṭe' ṭarī' (m)	قاطع طريق
crime	garīma (f)	جريمة
criminal (person)	mogrem (m)	مجرم
thief	sāre' (m)	سارق
to steal (vi, vt)	sara'	سرق
stealing, theft	ser'a (f)	سرقة
to kidnap (vt)	χaṭaf	خطف
kidnapping	χaṭf (m)	خطف
kidnapper	χāṭef (m)	خاطف
ransom	fedya (f)	فدية
to demand ransom	ṭalab fedya	طلب فدية
to rob (vt)	nahab	نهب
robbery	nahb (m)	نهب
robber	nahhāb (m)	نهّاب
to extort (vt)	balṭag	بلطج
extortionist	balṭagy (m)	بلطجي
extortion	baltaga (f)	بلطجة
to murder, to kill	'atal	قتل
murder	'atl (m)	قتل
murderer	qātel (m)	قاتل
gunshot	ṭal'et nār (f)	طلقة نار
to fire (~ a shot)	aṭlaq el nār	أطلق النار
to shoot to death	'atal bel roṣāṣ	قتل بالرصاص
to shoot (vi)	ḍarab bel nār	ضرب بالنار
shooting	ḍarb nār (m)	ضرب نار
incident (fight, etc.)	ḥādes (m)	حادث
fight, brawl	χenā'a (f)	خناقة
Help!	sā'idni	ساعدني!
victim	ḍaḥiya (f)	ضحيّة
to damage (vt)	χarrab	خرّب
damage	χesāra (f)	خسارة
dead body, corpse	gossa (f)	جثّة
grave (~ crime)	χaṭīra	خطيرة
to attack (vt)	hagam	هجم

to beat (to hit)	ḍarab	ضرب
to beat up	ḍarab	ضرب
to take (rob of sth)	salab	سلب
to stab to death	ṭaʿan ḥatta el mote	طعن حتّى الموت
to maim (vt)	ʃawwah	شوّه
to wound (vt)	garaḥ	جرح
blackmail	ebtezāz (m)	إبتزاز
to blackmail (vt)	ebtazz	إبتزّ
blackmailer	mobtazz (m)	مبتزّ
protection racket	balṭaga (f)	بلطجة
racketeer	mobtazz (m)	مبتزّ
gangster	ragol ʿeṣāba (m)	رجل عصابة
mafia	mafia (f)	مافيا
pickpocket	nasʃāl (m)	نشّال
burglar	leṣṣ beyūt (m)	لص بيوت
smuggling	tahrīb (m)	تهريب
smuggler	moharreb (m)	مهرّب
forgery	tazwīr (m)	تزوير
to forge (counterfeit)	zawwar	زوّر
fake (forged)	mozawwara	مزوّرة

119. Breaking the law. Criminals. Part 2

rape	eɣteṣāb (m)	إغتصاب
to rape (vt)	eɣtaṣab	إغتصب
rapist	moɣtaṣeb (m)	مغتصب
maniac	mahwūs (m)	مهووس
prostitute (fem.)	mommos (f)	مومّس
prostitution	daʿāra (f)	دعارة
pimp	qawwād (m)	قوّاد
drug addict	modmen moxaddarāt (m)	مدمن مخدّرات
drug dealer	tāger moxaddarāt (m)	تاجر مخدّرات
to blow up (bomb)	faggar	فجّر
explosion	enfegār (m)	إنفجار
to set fire	aʃʿal el nār	أشعل النار
arsonist	moʃʿel ḥarīq ʿan ʿamd (m)	مشعل حريق عن عمد
terrorism	erhāb (m)	إرهاب
terrorist	erhāby (m)	إرهابي
hostage	rahīna (m)	رهينة
to swindle (deceive)	eḥtāl	إحتال
swindle, deception	eḥteyāl (m)	إحتيال
swindler	moḥtāl (m)	محتال
to bribe (vt)	raʃa	رشا
bribery	erteʃāʾ (m)	إرتشاء

bribe	raʃwa (f)	رشوة
poison	semm (m)	سمّ
to poison (vt)	sammem	سمّم
to poison oneself	sammem nafsoh	سمّم نفسه
suicide (act)	enteḥār (m)	إنتحار
suicide (person)	montaḥer (m)	منتحر
to threaten (vt)	hadded	هدّد
threat	tahdīd (m)	تهديد
to make an attempt	ḥāwel eɣteyāl	حاول إغتيال
attempt (attack)	moḥawlet eɣteyāl (f)	محاولة إغتيال
to steal (a car)	sara'	سرق
to hijack (a plane)	eχtaṭaf	إختطف
revenge	enteqām (m)	إنتقام
to avenge (get revenge)	entaqam	إنتقم
to torture (vt)	'azzeb	عذّب
torture	ta'zīb (m)	تعذيب
to torment (vt)	'azzeb	عذّب
pirate	'orṣān (m)	قرصان
hooligan	wabaʃ (m)	وبش
armed (adj)	mosallaḥ	مسلّح
violence	'onf (m)	عنف
illegal (unlawful)	meʃ qanūniy	مش قانونيّ
spying (espionage)	tagassas (m)	تجسّس
to spy (vi)	tagassas	تجسّس

120. Police. Law. Part 1

justice	qaḍā' (m)	قضاء
court (see you in ~)	maḥkama (f)	محكمة
judge	qāḍy (m)	قاضي
jurors	moḥallafīn (pl)	محلّفين
jury trial	qaḍā' el muḥallafīn (m)	قضاء المحلّفين
to judge, to try (vt)	ḥakam	حكم
lawyer, barrister	muḥāmy (m)	محامي
defendant	modda'y 'aleyh (m)	مدّعي عليه
dock	'afaṣ el ettehām (m)	قفص الإتّهام
charge	ettehām (m)	إتّهام
accused	mottaham (m)	متّهم
sentence	ḥokm (m)	حكم
to sentence (vt)	ḥakam	حكم
guilty (culprit)	gāny (m)	جاني
to punish (vt)	'āqab	عاقب

punishment	ʿeqāb (m)	عقاب
fine (penalty)	ɣarāma (f)	غرامة
life imprisonment	segn mada el ḥayah (m)	سجن مدى الحياة
death penalty	ʿoqūbet ʾeʿdām (f)	عقوبة إعدام
electric chair	el korsy el kaharabāʾy (m)	الكرسي الكهربائي
gallows	maʃnaʾa (f)	مشنقة
to execute (vt)	aʿdam	أعدم
execution	eʿdām (m)	إعدام
prison	segn (m)	سجن
cell	zenzāna (f)	زنزانة
escort (convoy)	ḥerāsa (f)	حراسة
prison officer	ḥāres segn (m)	حارس سجن
prisoner	sagīn (m)	سجين
handcuffs	kalabʃāt (pl)	كلابشات
to handcuff (vt)	kalbeʃ	كلبش
prison break	horūb men el segn (m)	هروب من السجن
to break out (vi)	hereb	هرب
to disappear (vi)	eχtafa	إختفى
to release (from prison)	aχla sabīl	أخلى سبيل
amnesty	ʿafw ʿām (m)	عفو عام
police	ʃorṭa (f)	شرطة
police officer	ʃorṭy (m)	شرطي
police station	qesm ʃorṭa (m)	قسم شرطة
truncheon	ʿaṣāya maṭṭāṭiya (f)	عصاية مطّاطية
megaphone (loudhailer)	būʾ (m)	بوق
patrol car	ʿarabiyet dawrīāt (f)	عربيّة دوريات
siren	sarīna (f)	سرينة
to turn on the siren	wallaʿ el sarīna	ولّع السرينة
siren call	ṣote sarīna (m)	صوت سرينة
crime scene	masraḥ el garīma (m)	مسرح الجريمة
witness	ʃāhed (m)	شاهد
freedom	ḥorriya (f)	حرّيّة
accomplice	ʃerīk fel garīma (m)	شريك في الجريمة
to flee (vi)	hereb	هرب
trace (to leave a ~)	asar (m)	أثر

121. Police. Law. Part 2

search (investigation)	baḥs (m)	بحث
to look for ...	dawwar ʿala	دوّر على
suspicion	ʃobha (f)	شبهة
suspicious (e.g., ~ vehicle)	maʃbūh	مشبوه
to stop (cause to halt)	awqaf	أوقّف
to detain (keep in custody)	eʿtaqal	إعتقل
case (lawsuit)	ʾaḍiya (f)	قضيّة
investigation	taḥʾīʾ (m)	تحقيق

detective	moḥaqqeq (m)	محقّق
investigator	mofatteʃ (m)	مفتّش
hypothesis	rewāya (f)	رواية
motive	dāfeʿ (m)	دافع
interrogation	estegwāb (m)	إستجواب
to interrogate (vt)	estagweb	إستجوّب
to question (~ neighbors, etc.)	estanṭaʾ	إستنطق
check (identity ~)	faḥṣ (m)	فحص
round-up (raid)	gamʿ (m)	جمع
search (~ warrant)	taftīʃ (m)	تفتيش
chase (pursuit)	moṭarda (f)	مطاردة
to pursue, to chase	ṭārad	طارد
to track (a criminal)	tatabbaʿ	تتبّع
arrest	eʿteqāl (m)	إعتقال
to arrest (sb)	eʿtaqal	اعتقل
to catch (thief, etc.)	ʾabaḍ ʿala	قبض على
capture	ʾabḍ (m)	قبض
document	wasīqa (f)	وثيقة
proof (evidence)	dalīl (m)	دليل
to prove (vt)	asbat	أثبت
footprint	baṣma (f)	بصمة
fingerprints	baṣamāt el aṣābeʿ (pl)	بصمات الأصابع
piece of evidence	ʾeṭʿa men el adella (f)	قطعة من الأدلّة
alibi	ḥegget ɣeyāb (f)	حجّة غياب
innocent (not guilty)	barīʾ	بريء
injustice	ẓolm (m)	ظلم
unjust, unfair (adj)	meʃ ʿādel	مش عادل
criminal (adj)	mogrem	مجرم
to confiscate (vt)	ṣādar	صادر
drug (illegal substance)	moxaddarāt (pl)	مخدّرات
weapon, gun	selāḥ (m)	سلاح
to disarm (vt)	garrad men el selāḥ	جرّد من السلاح
to order (command)	amar	أمر
to disappear (vi)	extafa	إختفى
law	qanūn (m)	قانون
legal, lawful (adj)	qanūny	قانوني
illegal, illicit (adj)	meʃ qanūny	مش قانوني
responsibility (blame)	masʾoliya (f)	مسؤوليّة
responsible (adj)	masʾūl (m)	مسؤول

NATURE

The Earth. Part 1

122. Outer space

space	faḍā' (m)	فضاء
space (as adj)	faḍā'y	فضائي
outer space	el faḍā' el χāregy (m)	الفضاء الخارجي
world	'ālam (m)	عالم
universe	el kōn (m)	الكون
galaxy	el magarra (f)	المجرّة
star	negm (m)	نجم
constellation	borg (m)	برج
planet	kawwkab (m)	كوكب
satellite	'amar ṣenā'y (m)	قمر صناعي
meteorite	nayzek (m)	نيّزك
comet	mozannab (m)	مذنّب
asteroid	kowaykeb (m)	كويكب
orbit	madār (m)	مدار
to revolve (~ around the Earth)	dār	دار
atmosphere	el ɣelāf el gawwy (m)	الغلاف الجوّي
the Sun	el ʃams (f)	الشمس
solar system	el magmū'a el ʃamsiya (f)	المجموعة الشمسيّة
solar eclipse	kosūf el ʃams (m)	كسوف الشمس
the Earth	el arḍ (f)	الأرض
the Moon	el 'amar (m)	القمر
Mars	el marrīχ (m)	المرّيخ
Venus	el zahra (f)	الزهرة
Jupiter	el moʃtary (m)	المشتري
Saturn	zoḥḥol (m)	زحل
Mercury	'aṭāred (m)	عطارد
Uranus	uranus (m)	اورانوس
Neptune	nibtūn (m)	نبتون
Pluto	bluto (m)	بلوتو
Milky Way	darb el tebbāna (m)	درب التبّانة
Great Bear (Ursa Major)	el dobb el akbar (m)	الدب الأكبر
North Star	negm el 'oṭb (m)	نجم القطب
Martian	sāken el marrīχ (m)	ساكن المرّيخ
extraterrestrial (n)	faḍā'y (m)	فضائي

alien	kā'en faḍā'y (m)	كائن فضائي
flying saucer	ṭaba' ṭā'er (m)	طبق طائر
spaceship	markaba faḍa'iya (f)	مركبة فضائية
space station	maḥaṭṭet faḍā' (f)	محطّة فضاء
blast-off	enṭelāq (m)	إنطلاق
engine	motore (m)	موتور
nozzle	manfaθ (m)	منفث
fuel	woqūd (m)	وقود
cockpit, flight deck	kabīna (f)	كابينة
aerial	hawā'y (m)	هوائي
porthole	kowwa mostadīra (f)	كوّة مستديرة
solar panel	lawḥa ʃamsiya (f)	لوحة شمسيّة
spacesuit	badlet el faḍā' (f)	بدّلة الفضاء
weightlessness	en'edām wazn (m)	إنعدام الوزن
oxygen	oksiʒīn (m)	أوكسجين
docking (in space)	rasw (m)	رسو
to dock (vi, vt)	rasa	رسى
observatory	marṣad (m)	مرصد
telescope	teleskop (m)	تلسكوب
to observe (vt)	rāqab	راقب
to explore (vt)	estakʃef	إستكشف

123. The Earth

the Earth	el arḍ (f)	الأرض
the globe (the Earth)	el kora el arḍiya (f)	الكرة الأرضيّة
planet	kawwkab (m)	كوّكب
atmosphere	el ɣelāf el gawwy (m)	الغلاف الجوّي
geography	goɣrafia (f)	جغرافيا
nature	ṭabee'a (f)	طبيعة
globe (table ~)	namūzag lel kora el arḍiya (m)	نموذج للكرة الأرضيّة
map	χarīṭa (f)	خريطة
atlas	aṭlas (m)	أطلس
Europe	orobba (f)	أوروبّا
Asia	asya (f)	آسيا
Africa	afreqia (f)	أفريقيا
Australia	ostorālya (f)	أستراليا
America	amrīka (f)	أمريكا
North America	amrīka el ʃamaliya (f)	أمريكا الشماليّة
South America	amrīka el ganūbiya (f)	أمريكا الجنوبيّة
Antarctica	el qoṭb el ganūby (m)	القطب الجنوبي
the Arctic	el qoṭb el ʃamāly (m)	القطب الشمالي

124. Cardinal directions

north	ʃemāl (m)	شمال
to the north	lel ʃamāl	للشمال
in the north	fel ʃamāl	في الشمال
northern (adj)	ʃamāly	شمالي
south	ganūb (m)	جنوب
to the south	lel ganūb	للجنوب
in the south	fel ganūb	في الجنوب
southern (adj)	ganūby	جنوبي
west	ɣarb (m)	غرب
to the west	lel ɣarb	للغرب
in the west	fel ɣarb	في الغرب
western (adj)	ɣarby	غربي
east	ʃarʾ (m)	شرق
to the east	lel ʃarʾ	للشرق
in the east	fel ʃarʾ	في الشرق
eastern (adj)	ʃarʾy	شرقي

125. Sea. Ocean

sea	baḥr (m)	بحر
ocean	moḥīṭ (m)	محيط
gulf (bay)	xalīg (m)	خليج
straits	maḍīq (m)	مضيق
land (solid ground)	barr (m)	برّ
continent (mainland)	qārra (f)	قارّة
island	gezīra (f)	جزيرة
peninsula	ʃebh gezeyra (f)	شبه جزيرة
archipelago	magmūʿet gozor (f)	مجموعة جزر
bay, cove	xalīg (m)	خليج
harbour	mināʾ (m)	ميناء
lagoon	lagūn (m)	لاجون
cape	raʾs (m)	رأس
atoll	gezīra morganiya estwaʾiya (f)	جزيرة مرجانية إستوائيّة
reef	ʃoʿāb (pl)	شعاب
coral	morgān (m)	مرجان
coral reef	ʃoʿāb morganiya (pl)	شعاب مرجانية
deep (adj)	ʿamīq	عميق
depth (deep water)	ʿomq (m)	عمق
abyss	el ʿomq el saḥīq (m)	العمق السحيق
trench (e.g. Mariana ~)	xondoq (m)	خندق
current (Ocean ~)	tayār (m)	تيّار
to surround (bathe)	ḥāṭ	حاط
shore	sāḥel (m)	ساحل

coast	sāḥel (m)	ساحل
flow (flood tide)	tayār (m)	تيّار
ebb (ebb tide)	gozor (m)	جزر
shoal	meyāh ḍaḥla (f)	مياه ضحلة
bottom (~ of the sea)	qā' (m)	قاع
wave	mouga (f)	موجة
crest (~ of a wave)	qemma (f)	قمّة
spume (sea foam)	zabad el baḥr (m)	زبد البحر
storm (sea storm)	'āṣefa (f)	عاصفة
hurricane	e'ṣār (m)	إعصار
tsunami	tsunāmy (m)	تسونامي
calm (dead ~)	hodū' (m)	هدوء
quiet, calm (adj)	hady	هادئ
pole	'oṭb (m)	قطب
polar (adj)	'oṭby	قطبي
latitude	'arḍ (m)	عرض
longitude	χaṭṭ ṭūl (m)	خطّ طول
parallel	motawāz (m)	متواز
equator	χaṭṭ el estewā' (m)	خطّ الإستواء
sky	samā' (f)	سماء
horizon	ofoq (m)	أفق
air	hawā' (m)	هواء
lighthouse	manāra (f)	منارة
to dive (vi)	ɣāṣ	غاص
to sink (ab. boat)	ɣere'	غرق
treasure	konūz (pl)	كنوز

126. Seas & Oceans names

Atlantic Ocean	el moḥeyṭ el aṭlanṭy (m)	المحيط الأطلنطي
Indian Ocean	el moḥeyṭ el hendy (m)	المحيط الهندي
Pacific Ocean	el moḥeyṭ el hādy (m)	المحيط الهادي
Arctic Ocean	el moḥeyṭ el motagammed el ʃamāly (m)	المحيط المتجمّد الشمالي
Black Sea	el baḥr el aswad (m)	البحر الأسود
Red Sea	el baḥr el aḥmar (m)	البحر الأحمر
Yellow Sea	el baḥr el aṣfar (m)	البحر الأصفر
White Sea	el baḥr el abyaḍ (m)	البحر الأبيض
Caspian Sea	baḥr qazwīn (m)	بحر قزوين
Dead Sea	el baḥr el mayet (m)	البحر الميّت
Mediterranean Sea	el baḥr el abyaḍ el motawasseṭ (m)	البحر الأبيض المتوسّط
Aegean Sea	baḥr eygah (m)	بحر إيجة
Adriatic Sea	el baḥr el adreyatīky (m)	البحر الأدرياتيكي
Arabian Sea	baḥr el 'arab (m)	بحر العرب

Sea of Japan	baḥr el yabān (m)	بحر اليابان
Bering Sea	baḥr bering (m)	بحر بيرينغ
South China Sea	baḥr el ṣeyn el ganūby (m)	بحر الصين الجنوبي
Coral Sea	baḥr el morgān (m)	بحر المرجان
Tasman Sea	baḥr tazman (m)	بحر تسمان
Caribbean Sea	el baḥr el karību (m)	البحر الكاريبي
Barents Sea	baḥr barents (m)	بحر بارنتس
Kara Sea	baḥr kara (m)	بحر كارا
North Sea	baḥr el ʃamāl (m)	بحر الشمال
Baltic Sea	baḥr el balṭīq (m)	بحر البلطيق
Norwegian Sea	baḥr el nerwīg (m)	بحر النرويج

127. Mountains

mountain	gabal (m)	جبل
mountain range	selselet gebāl (f)	سلسلة جبال
mountain ridge	notū' el gabal (m)	نتوء الجبل
summit, top	qemma (f)	قمّة
peak	qemma (f)	قمّة
foot (~ of the mountain)	asfal (m)	أسفل
slope (mountainside)	monḥadar (m)	منحدر
volcano	borkān (m)	بركان
active volcano	borkān naʃeṭ (m)	بركان نشط
dormant volcano	borkān χāmed (m)	بركان خامد
eruption	sawarān (m)	ثوّران
crater	fawhet el borkān (f)	فوهة البركان
magma	magma (f)	ماجما
lava	ḥomam borkāniya (pl)	حمم بركانية
molten (~ lava)	monṣahera	منصهرة
canyon	wādy ḍaye' (m)	وادي ضيّق
gorge	mamarr ḍaye' (m)	ممرّ ضيّق
crevice	ʃa'' (m)	شقّ
abyss (chasm)	hāwya (f)	هاوية
pass, col	mamarr gabaly (m)	ممرّ جبلي
plateau	haḍaba (f)	هضبة
cliff	garf (m)	جرف
hill	tall (m)	تلّ
glacier	nahr galīdy (m)	نهر جليدي
waterfall	ʃallāl (m)	شلاّل
geyser	nab' maya ḥāra (m)	نبع ميّة حارة
lake	boḥeyra (f)	بحيرة
plain	sahl (m)	سهل
landscape	manzar ṭabee'y (m)	منظر طبيعي
echo	ṣada (m)	صدى

alpinist	motasalleq el gebāl (m)	متسلّق الجبال
rock climber	motasalleq ṣoχūr (m)	متسلّق صخور
to conquer (in climbing)	taɣallab ʿala	تغلّب على
climb (an easy ~)	tasalloq (m)	تسلّق

128. Mountains names

The Alps	gebāl el alb (pl)	جبال الألب
Mont Blanc	mōn blōn (m)	مون بلون
The Pyrenees	gebāl el barānes (pl)	جبال البرانس
The Carpathians	gebāl el karbāt (pl)	جبال الكاربات
The Ural Mountains	gebāl el urāl (pl)	جبال الأورال
The Caucasus Mountains	gebāl el qoqāz (pl)	جبال القوقاز
Mount Elbrus	gabal elbrus (m)	جبل إلبروس
The Altai Mountains	gebāl altāy (pl)	جبال ألتاي
The Tian Shan	gebāl tian ʃan (pl)	جبال تيان شان
The Pamirs	gebāl bamir (pl)	جبال بامير
The Himalayas	himalāya (pl)	هيمالايا
Mount Everest	gabal everest (m)	جبل افرست
The Andes	gebāl el andīz (pl)	جبال الأنديز
Mount Kilimanjaro	gabal kilimanʒaro (m)	جبل كليمنجارو

129. Rivers

river	nahr (m)	نهر
spring (natural source)	ʿeyn (m)	عين
riverbed (river channel)	magra el nahr (m)	مجرى النهر
basin (river valley)	ḥoḍe (m)	حوض
to flow into …	ṣabb fe …	صبّ في...
tributary	rāfed (m)	رافد
bank (river ~)	ḍaffa (f)	ضفّة
current (stream)	tayār (m)	تيّار
downstream (adv)	maʿ ettigāh magra el nahr	مع إتّجاه مجرى النهر
upstream (adv)	ḍed el tayār	ضد التيار
inundation	ɣamr (m)	غمر
flooding	fayaḍān (m)	فيضان
to overflow (vi)	fāḍ	فاض
to flood (vt)	ɣamar	غمر
shallow (shoal)	meyāh ḍaḥla (f)	مياه ضحلة
rapids	monḥadar el nahr (m)	منحدر النهر
dam	sadd (m)	سدّ
canal	qanah (f)	قناة
reservoir (artificial lake)	χazzān māʾy (m)	خزّان مائي
sluice, lock	bawwāba qanṭara (f)	بوّابة قنطرة

water body (pond, etc.)	berka (f)	بركة
swamp (marshland)	mostanqa' (m)	مستنقع
bog, marsh	mostanqa' (m)	مستنقع
whirlpool	dawwāma (f)	دوّامة
stream (brook)	gadwal (m)	جدوّل
drinking (ab. water)	el ʃorb	الشرب
fresh (~ water)	'azb	عذب
ice	galīd (m)	جليد
to freeze over (ab. river, etc.)	etgammed	إتجمّد

130. Rivers names

Seine	el seyn (m)	السين
Loire	el lua:r (m)	اللوار
Thames	el teymz (m)	التيمز
Rhine	el rayn (m)	الراين
Danube	el danūb (m)	الدانوب
Volga	el volga (m)	الفولغا
Don	el done (m)	الدون
Lena	lena (m)	لينا
Yellow River	el nahr el aṣfar (m)	النهر الأصفر
Yangtze	el yangesty (m)	اليانغستي
Mekong	el mekong (m)	الميكونغ
Ganges	el ɣang (m)	الغانج
Nile River	el nīl (m)	النيل
Congo River	el kongo (m)	الكونغو
Okavango River	okavango (m)	أوكافانجو
Zambezi River	el zambizi (m)	الزمبيزي
Limpopo River	limbobo (m)	ليمبوبو
Mississippi River	el mississibbi (m)	الميسيسيبي

131. Forest

forest, wood	ɣāba (f)	غابة
forest (as adj)	ɣāba	غابة
thick forest	ɣāba kasīfa (f)	غابة كثيفة
grove	bostān (m)	بستان
forest clearing	ezālet el ɣābāt (f)	إزالة الغابات
thicket	agama (f)	أجمة
scrubland	arāḍy el ʃogayrāt (pl)	أراضي الشجيرات
footpath (troddenpath)	mamarr (m)	ممرّ
gully	wādy ḍaye' (m)	وادي ضيّق
tree	ʃagara (f)	شجرة

leaf	waraʾa (f)	ورقة
leaves (foliage)	waraʾ (m)	ورق
fall of leaves	tasāʾoṭ el awrāʾ (m)	تساقط الأوراق
to fall (ab. leaves)	saqaṭ	سقط
top (of the tree)	raʾs (m)	رأس
branch	ɣoṣn (m)	غصن
bough	ɣoṣn raʾīsy (m)	غصن رئيسي
bud (on shrub, tree)	borʿom (m)	برعم
needle (of the pine tree)	ʃawka (f)	شوكة
fir cone	kūz el ṣnowbar (m)	كوز الصنوبر
tree hollow	gofe (m)	جوف
nest	ʿeʃ (m)	عش
burrow (animal hole)	goḥr (m)	جحر
trunk	gezʿ (m)	جذع
root	gezr (m)	جذر
bark	leḥāʾ (m)	لحاء
moss	ṭaḥlab (m)	طحلب
to uproot (remove trees or tree stumps)	eqtalaʿ	إقتلع
to chop down	ʾaṭṭaʿ	قطّع
to deforest (vt)	azāl el ɣabāt	أزال الغابات
tree stump	gezʿ el ʃagara (m)	جذع الشجرة
campfire	nār moχayem (m)	نار مخيّم
forest fire	ḥarīʾ ɣāba (m)	حريق غابة
to extinguish (vt)	ṭaffa	طفّى
forest ranger	ḥāres el ɣāba (m)	حارس الغابة
protection	ḥemāya (f)	حماية
to protect (~ nature)	ḥama	حمى
poacher	sāreʾ el ṣeyd (m)	سارق الصيد
steel trap	maṣyada (f)	مصيّدة
to gather, to pick (vt)	gammaʿ	جمّع
to lose one's way	tāh	تاه

132. Natural resources

natural resources	sarawāt ṭabiʿiya (pl)	ثروات طبيعيّة
minerals	maʿāden (pl)	معادن
deposits	rawāseb (pl)	رواسب
field (e.g. oilfield)	ḥaql (m)	حقل
to mine (extract)	estaχrag	إستخرج
mining (extraction)	esteχrāg (m)	إستخراج
ore	χām (m)	خام
mine (e.g. for coal)	mangam (m)	منجم
shaft (mine ~)	mangam (m)	منجم
miner	ʿāmel mangam (m)	عامل منجم

gas (natural ~)	ɣāz (m)	غاز
gas pipeline	χaṭṭ anabīb ɣāz (m)	خطّ أنابيب غاز
oil (petroleum)	nafṭ (m)	نفط
oil pipeline	anabīb el nafṭ (pl)	أنابيب النفط
oil well	bīr el nafṭ (m)	بير النفط
derrick (tower)	ḥaffāra (f)	حفّارة
tanker	nāqelet betrūl (f)	ناقلة بترول
sand	raml (m)	رمل
limestone	ḥagar el kals (m)	حجر الكلس
gravel	ḥaṣa (m)	حصى
peat	χaθ faḥm nabāty (m)	خث فحم نباتي
clay	ṭīn (m)	طين
coal	faḥm (m)	فحم
iron (ore)	ḥadīd (m)	حديد
gold	dahab (m)	ذهب
silver	faḍḍa (f)	فضّة
nickel	nikel (m)	نيكل
copper	neḥās (m)	نحاس
zinc	zink (m)	زنك
manganese	manganīz (m)	منجنيز
mercury	ze'baq (m)	زئبق
lead	roṣāṣ (m)	رصاص
mineral	maʿdan (m)	معدن
crystal	kristāl (m)	كريستال
marble	roχām (m)	رخام
uranium	yuranuim (m)	يورانيوم

The Earth. Part 2

133. Weather

weather	ṭa'ʼs (m)	طقس
weather forecast	naʃra gawiya (f)	نشرة جويّة
temperature	ḥarāra (f)	حرارة
thermometer	termometr (m)	ترمومتر
barometer	barometr (m)	بارومتر
humid (adj)	roṭob	رطب
humidity	roṭūba (f)	رطوبة
heat (extreme ~)	ḥarāra (f)	حرارة
hot (torrid)	ḥarr	حارّ
it's hot	el gaww ḥarr	الجوّ حرّ
it's warm	el gaww dafa	الجوّ دفا
warm (moderately hot)	dāfeʼ	دافئ
it's cold	el gaww bāred	الجوّ بارد
cold (adj)	bāred	بارد
sun	ʃams (f)	شمس
to shine (vi)	nawwar	نوّر
sunny (day)	moʃmes	مشمس
to come up (vi)	ʃaraʼ	شرق
to set (vi)	ɣarab	غرب
cloud	saḥāba (f)	سحابة
cloudy (adj)	meɣayem	مغيّم
rain cloud	saḥābet maṭar (f)	سحابة مطر
somber (gloomy)	meɣayem	مغيّم
rain	maṭar (m)	مطر
it's raining	el donia betmaṭṭar	الدنيا بتمطّر
rainy (~ day, weather)	momṭer	ممطر
to drizzle (vi)	maṭṭaret razāz	مطّرت رذاذ
pouring rain	maṭar monhamer (f)	مطر منهمر
downpour	maṭar ɣazīr (m)	مطر غزير
heavy (e.g. ~ rain)	ʃedīd	شديد
puddle	berka (f)	بركة
to get wet (in rain)	ettbal	إتّبل
fog (mist)	ʃabbūra (f)	شبّورة
foggy	fih ʃabbūra	فيه شبّورة
snow	talg (m)	ثلج
it's snowing	fih talg	فيه ثلج

134. Severe weather. Natural disasters

thunderstorm	ʻāṣefa raʻdiya (f)	عاصفة رعدية
lightning (~ strike)	barʼ (m)	برق
to flash (vi)	baraq	برق
thunder	raʻd (m)	رعد
to thunder (vi)	dawa	دوى
it's thundering	el samāʼ dawat raʻd (f)	السماء دوّت رعد
hail	maṭar bard (m)	مطر برد
it's hailing	maṭṭaret bard	مطّرت برد
to flood (vt)	ɣamar	غمر
flood, inundation	fayaḍān (m)	فيضان
earthquake	zelzāl (m)	زلزال
tremor, shoke	hazza arḍiya (f)	هزّة أرضية
epicentre	markaz el zelzāl (m)	مركز الزلزال
eruption	sawarān (m)	ثوّران
lava	ḥomam borkāniya (pl)	حمم بركانية
twister, tornado	eʻṣār (m)	إعصار
typhoon	tyfūn (m)	طوفان
hurricane	eʻṣār (m)	إعصار
storm	ʻāṣefa (f)	عاصفة
tsunami	tsunāmy (m)	تسونامي
cyclone	eʻṣār (m)	إعصار
bad weather	ṭaʼs sayeʼ (m)	طقس سيئ
fire (accident)	ḥarīʼ (m)	حريق
disaster	karsa (f)	كارثة
meteorite	nayzek (m)	نيّزك
avalanche	enheyār talgy (m)	إنهيار ثلجي
snowslide	enheyār talgy (m)	إنهيار ثلجي
blizzard	ʻāṣefa talgiya (f)	عاصفة ثلجيّة
snowstorm	ʻāṣefa talgiya (f)	عاصفة ثلجيّة

Fauna

135. Mammals. Predators

predator	moftares (m)	مفترس
tiger	nemr (m)	نمر
lion	asad (m)	أسد
wolf	ze'b (m)	ذئب
fox	ta'lab (m)	ثعلب
jaguar	nemr amrīky (m)	نمر أمريكي
leopard	fahd (m)	فهد
cheetah	fahd ṣayād (m)	فهد صيّاد
black panther	nemr aswad (m)	نمر أسوّد
puma	asad el gebāl (m)	أسد الجبال
snow leopard	nemr el tolūg (m)	نمر الثلوج
lynx	waʃaq (m)	وشق
coyote	qayūṭ (m)	قيوط
jackal	ebn 'āwy (m)	ابن آوى
hyena	ḍeb' (m)	ضبع

136. Wild animals

animal	ḥayawān (m)	حيوان
beast (animal)	waḥʃ (m)	وحش
squirrel	sengāb (m)	سنجاب
hedgehog	qonfoz (m)	قنفذ
hare	arnab barry (m)	أرنب برّي
rabbit	arnab (m)	أرنب
badger	ɣarīr (m)	غرير
raccoon	rakūn (m)	راكون
hamster	hamster (m)	هامستر
marmot	marmoṭ (m)	مرموط
mole	χold (m)	خلد
mouse	fār (m)	فأر
rat	gerz (m)	جرذ
bat	χoffāʃ (m)	خفّاش
ermine	qāqem (m)	قاقِم
sable	sammūr (m)	سمّور
marten	fara'īāt (m)	فرائيات
weasel	ebn 'ers (m)	ابن عرس
mink	mink (m)	منك

beaver	qondos (m)	قندس
otter	ta'lab maya (m)	ثعلب الميّة
horse	ḥoṣān (m)	حصان
moose	eyl el mūz (m)	أيّل الموظ
deer	ayl (m)	أيل
camel	gamal (m)	جمل
bison	bison (m)	بيسون
wisent	byson orobby (m)	بيسون أوروبي
buffalo	gamūs (m)	جاموس
zebra	ḥomār waḥʃy (m)	حمار وحشي
antelope	ẓaby (m)	ظبي
roe deer	yaḥmūr orobby (m)	يحمور أوروبي
fallow deer	eyl asmar orobby (m)	أيّل أسمر أوروبي
chamois	ʃamwah (f)	شامواه
wild boar	χenzīr barry (m)	خنزير برّي
whale	ḥūt (m)	حوت
seal	foqma (f)	فقمة
walrus	el kab' (m)	الكبع
fur seal	foqmet el farā' (f)	فقمة الفراء
dolphin	dolfīn (m)	دولفين
bear	dobb (m)	دبّ
polar bear	dobb 'oṭṭby (m)	دبّ قطبي
panda	banda (m)	باندا
monkey	'erd (m)	قرد
chimpanzee	ʃimbanzy (m)	شيمبانزي
orangutan	orangutan (m)	أورنغوتان
gorilla	ɣorella (f)	غوريلا
macaque	'erd el makāk (m)	قرد المكاك
gibbon	gibbon (m)	جيبون
elephant	fīl (m)	فيل
rhinoceros	χartīt (m)	خرتيت
giraffe	zarāfa (f)	زرافة
hippopotamus	faras el nahr (m)	فرس النهر
kangaroo	kangarū (m)	كانجارو
koala (bear)	el koala (m)	الكوالا
mongoose	nems (m)	نمس
chinchilla	ʃenʃīla (f)	شنشيلة
skunk	ẓerbān (m)	ظربان
porcupine	nīṣ (m)	نيص

137. Domestic animals

cat	'oṭṭa (f)	قطّة
tomcat	'oṭṭ (m)	قطّ
dog	kalb (m)	كلب

horse	ḥoṣān (m)	حصان
stallion (male horse)	χeyl faḥl (m)	خيل فحل
mare	faras (f)	فرس
cow	ba'ara (f)	بقرة
bull	sore (m)	ثور
ox	sore (m)	ثور
sheep (ewe)	χarūf (f)	خروف
ram	kebʃ (m)	كبش
goat	me'za (f)	معزة
billy goat, he-goat	mā'ez zakar (m)	ماعز ذكر
donkey	ḥomār (m)	حمار
mule	baɣl (m)	بغل
pig	χenzīr (m)	خنزير
piglet	χannūṣ (m)	خنّوص
rabbit	arnab (m)	أرنب
hen (chicken)	farχa (f)	فرخة
cock	dīk (m)	ديك
duck	baṭṭa (f)	بطّة
drake	dakar el baṭṭ (m)	ذكر البط
goose	wezza (f)	وزّة
tom turkey, gobbler	dīk rūmy (m)	ديك رومي
turkey (hen)	dīk rūmy (m)	ديك رومي
domestic animals	ḥayawānāt dawāgen (pl)	حيوانات دواجن
tame (e.g. ~ hamster)	alīf	أليف
to tame (vt)	rawweḍ	روّض
to breed (vt)	rabba	ربّى
farm	mazra'a (f)	مزرعة
poultry	dawāgen (pl)	دواجن
cattle	māʃeya (f)	ماشية
herd (cattle)	qaṭee' (m)	قطيع
stable	esṭabl χeyl (m)	إسطبل خيل
pigsty	ḥazīret χanazīr (f)	حظيرة الخنازير
cowshed	zerībet el ba'ar (f)	زريبة البقر
rabbit hutch	qan el arāneb (m)	قن الأرانب
hen house	qan el ferāχ (m)	قن الفراخ

138. Birds

bird	ṭā'er (m)	طائر
pigeon	ḥamāma (f)	حمامة
sparrow	'aṣfūr dawri (m)	عصفور دوري
tit (great tit)	qarqaf (m)	قرقف
magpie	'a''a' (m)	عقعق
raven	ɣorāb aswad (m)	غراب أسود

crow	ɣorāb (m)	غراب
jackdaw	zāɣ zarʿy (m)	زاغ زرعي
rook	ɣorāb el qeyẓ (m)	غراب القيظ
duck	baṭṭa (f)	بطّة
goose	wezza (f)	وزّة
pheasant	tadarrog (m)	تدرج
eagle	ʿeqāb (m)	عقاب
hawk	el bāz (m)	الباز
falcon	ṣaʾr (m)	صقر
vulture	nesr (m)	نسر
condor (Andean ~)	kondor (m)	كندور
swan	el temm (m)	التمّ
crane	karkiya (m)	كركية
stork	loqloq (m)	لقلق
parrot	babaɣāʾ (m)	ببغاء
hummingbird	ṭannān (m)	طنّان
peacock	ṭawūs (m)	طاووس
ostrich	naʿāma (f)	نعامة
heron	belʃone (m)	بلشون
flamingo	flamingo (m)	فلامينجو
pelican	bagʿa (f)	بجعة
nightingale	ʿandalīb (m)	عندليب
swallow	el sonūnū (m)	السنونو
thrush	somnet el ḥoqūl (m)	سمنة الحقول
song thrush	somna moɣarreda (m)	سمنة مغرّدة
blackbird	ʃaḥrūr aswad (m)	شحرور أسود
swift	semmāma (m)	سمّامة
lark	qabra (f)	قبرة
quail	semmān (m)	سمّان
woodpecker	naʾār el χaʃab (m)	نقار الخشب
cuckoo	weqwāq (m)	وقواق
owl	būma (f)	بومة
eagle owl	būm orāsy (m)	بوم أوراسي
wood grouse	dīk el χalang (m)	ديك الخلنج
black grouse	ṭyhūg aswad (m)	طيهوج أسوّد
partridge	el ḥagal (m)	الحجل
starling	zerzūr (m)	زرزور
canary	kanāry (m)	كناري
hazel grouse	ṭyhūg el bondoʾ (m)	طيهوج البندق
chaffinch	ʃarʃūr (m)	شرشور
bullfinch	deɣnāʃ (m)	دغناش
seagull	nawras (m)	نورس
albatross	el qoṭros (m)	القطرس
penguin	beṭrīq (m)	بطريق

139. Fish. Marine animals

bream	abramīs (m)	أبراميس
carp	ʃabbūṭ (m)	شبّوط
perch	farχ (m)	فرخ
catfish	'armūṭ (m)	قرموط
pike	karāky (m)	كراكي
salmon	salamon (m)	سلمون
sturgeon	ḥafʃ (m)	حفش
herring	renga (f)	رنجة
Atlantic salmon	salamon aṭlasy (m)	سلمون أطلسي
mackerel	makerel (m)	ماكريل
flatfish	samak mefalṭah (f)	سمك مفلطح
zander, pike perch	samak sandar (m)	سمك سندر
cod	el qadd (m)	القد
tuna	tuna (f)	تونة
trout	salamon mera''aṭ (m)	سلمون مرقّط
eel	ḥankalīs (m)	حنكليس
electric ray	ra'ād (m)	رعاد
moray eel	moraya (f)	مورايية
piranha	bīrana (f)	بيرانا
shark	'erʃ (m)	قرش
dolphin	dolfīn (m)	دولفين
whale	ḥūt (m)	حوت
crab	kaboria (m)	كابوريا
jellyfish	'andīl el baḥr (m)	قنديل البحر
octopus	aχṭabūṭ (m)	أخطبوط
starfish	negmet el baḥr (f)	نجمة البحر
sea urchin	qonfoz el baḥr (m)	قنفذ البحر
seahorse	ḥoṣān el baḥr (m)	حصان البحر
oyster	maḥār (m)	محار
prawn	gammbary (m)	جمّبري
lobster	estakoza (f)	استكوزا
spiny lobster	estakoza (m)	استاكوزا

140. Amphibians. Reptiles

snake	te'bān (m)	ثعبان
venomous (snake)	sām	سام
viper	af'a (f)	أفعى
cobra	kobra (m)	كوبرا
python	te'bān byton (m)	ثعبان بايثون
boa	bawā' el 'aṣera (f)	بواء العاصرة
grass snake	te'bān el 'oʃb (m)	ثعبان العشب

rattle snake	af'a megalgela (f)	أفعى مجلجلة
anaconda	anakonda (f)	أناكوندا
lizard	seḥliya (f)	سحليّة
iguana	eɣwana (f)	إغوانة
monitor lizard	warl (m)	ورل
salamander	salamander (m)	سلمندر
chameleon	ḥerbāya (f)	حرباية
scorpion	ʿaʾrab (m)	عقرب
turtle	solḥefah (f)	سلحفاة
frog	ḍeffḍaʿ (m)	ضفدع
toad	ḍeffḍaʿ el ṭeyn (m)	ضفدع الطين
crocodile	temsāḥ (m)	تمساح

141. Insects

insect	ḥaʃara (f)	حشرة
butterfly	farāʃa (f)	فراشة
ant	namla (f)	نملة
fly	debbāna (f)	دبّانة
mosquito	namūsa (f)	ناموسة
beetle	χonfesa (f)	خنفسة
wasp	dabbūr (m)	دبّور
bee	naḥla (f)	نحلة
bumblebee	naḥla ṭannāna (f)	نحلة طنّانة
gadfly (botfly)	naʿra (f)	نعرة
spider	ʿankabūt (m)	عنكبوت
spider's web	nasīg ʿankabūt (m)	نسيج عنكبوت
dragonfly	yaʿsūb (m)	يعسوب
grasshopper	garād (m)	جراد
moth (night butterfly)	ʿetta (f)	عثّة
cockroach	ṣarṣūr (m)	صرصور
tick	qarāda (f)	قرادة
flea	barɣūt (m)	برغوث
midge	baʿūḍa (f)	بعوضة
locust	garād (m)	جراد
snail	ḥalazōn (m)	حلزون
cricket	ṣarṣūr el ḥaql (m)	صرصور الحقل
firefly	yarāʿa (f)	يراعة
ladybird	χonfesa menaʾṭṭa (f)	خنفسة منقّطة
cockchafer	χonfesa motlefa lel nabāt (f)	خنفسة متلفة للنبات
leech	ʿalaqa (f)	علقة
caterpillar	yasrūʿ (m)	يسروع
earthworm	dūda (f)	دودة
larva	yaraqa (f)	يرقة

Flora

142. Trees

tree	ʃagara (f)	شجرة
deciduous (adj)	nafḍiya	نفضيّة
coniferous (adj)	ṣonoberiya	صنوبرية
evergreen (adj)	dā'emet el χoḍra	دائمة الخضرة
apple tree	ʃagaret toffāḥ (f)	شجرة تفّاح
pear tree	ʃagaret komettra (f)	شجرة كمثّرى
cherry tree	ʃagaret karaz (f)	شجرة كرز
plum tree	ʃagaret bar'ū' (f)	شجرة برقوق
birch	batola (f)	بتولا
oak	ballūṭ (f)	بلّوط
linden tree	zayzafūn (f)	زيزفون
aspen	ḥūr rāgef	حور راجف
maple	qayqab (f)	قيقب
spruce	rateng (f)	راتينج
pine	ṣonober (f)	صنوبر
larch	arziya (f)	أرزية
fir tree	tanūb (f)	تنوب
cedar	el orz (f)	الأرز
poplar	ḥūr (f)	حور
rowan	ɣobayrā' (f)	غبيراء
willow	ṣefsāf (f)	صفصاف
alder	gār el mā' (m)	جار الماء
beech	el zān (f)	الزان
elm	derdar (f)	دردار
ash (tree)	marān (f)	مران
chestnut	kastanā' (f)	كستناء
magnolia	maɣnolia (f)	ماغنوليا
palm tree	naχla (f)	نخلة
cypress	el soro (f)	السرو
mangrove	mangrūf (f)	مانجروف
baobab	baobab (f)	باوباب
eucalyptus	eukalyptus (f)	أوكالبتوس
sequoia	sequoia (f)	سيكويا

143. Shrubs

bush	ʃogeyra (f)	شجيرة
shrub	ʃogayrāt (pl)	شجيرات

grapevine	karma (f)	كرمة
vineyard	karam (m)	كرم
raspberry bush	zar'et tūt el 'alī' el aḥmar (f)	زرعة توت العليق الأحمر
redcurrant bush	keʃmeʃ aḥmar (m)	كشمش أحمر
gooseberry bush	'enab el sa'lab (m)	عنب الثعلب
acacia	aqaqia (f)	أقاقيا
barberry	berbarīs (m)	برباريس
jasmine	yasmīn (m)	ياسمين
juniper	'ar'ar (m)	عرعر
rosebush	ʃogeyret ward (f)	شجيرة ورد
dog rose	ward el seyāg (pl)	ورد السياج

144. Fruits. Berries

fruit	tamra (f)	تمرة
fruits	tamr (m)	تمر
apple	toffāḥa (f)	تفّاحة
pear	komettra (f)	كمّثرى
plum	bar'ū' (m)	برقوق
strawberry (garden ~)	farawla (f)	فراولة
cherry	karaz (m)	كرز
grape	'enab (m)	عنب
raspberry	tūt el 'alī' el aḥmar (m)	توت العليق الأحمر
blackcurrant	keʃmeʃ aswad (m)	كشمش أسود
redcurrant	keʃmeʃ aḥmar (m)	كشمش أحمر
gooseberry	'enab el sa'lab (m)	عنب الثعلب
cranberry	'enabiya ḥāda el χebā' (m)	عنبية حادة الخباء
orange	bortoqāl (m)	برتقال
tangerine	yosfy (m)	يوسفي
pineapple	ananās (m)	أناناس
banana	moze (m)	موز
date	tamr (m)	تمر
lemon	lymūn (m)	ليمون
apricot	meʃmeʃ (f)	مشمش
peach	χawχa (f)	خوخة
kiwi	kiwi (m)	كيوي
grapefruit	grabe frūt (m)	جريب فروت
berry	tūt (m)	توت
berries	tūt (pl)	توت
cowberry	'enab el sore (m)	عنب الثور
wild strawberry	farawla barriya (f)	فراولة بريّة
bilberry	'enab al aḥrāg (m)	عنب الأحراج

145. Flowers. Plants

flower	zahra (f)	زهرة
bouquet (of flowers)	bokeyh (f)	بوكيه
rose (flower)	warda (f)	وردة
tulip	tolīb (f)	توليب
carnation	ʾoronfol (m)	قرنفل
gladiolus	el dalbūs (f)	الدَلبُوث
cornflower	qanṭeryūn ʿanbary (m)	قنطريون عنبري
harebell	garīs mostadīr el awrāʾ (m)	جريس مستدير الأوراق
dandelion	handabāʾ (f)	هندباء
camomile	kamomile (f)	كاموميل
aloe	el alowa (m)	الألوّة
cactus	ṣabbār (m)	صبّار
rubber plant, ficus	faykas (m)	فيكس
lily	zanbaq (f)	زنبق
geranium	ɣarnūqy (f)	غرنوقي
hyacinth	el lavender (f)	اللافندر
mimosa	mimoza (f)	ميموزا
narcissus	nerges (f)	نرجس
nasturtium	abo χangar (f)	أبو خنجر
orchid	orkid (f)	أوركيد
peony	fawnia (f)	فاوانيا
violet	el banafseg (f)	البنفسج
pansy	bansy (f)	بانسي
forget-me-not	ʾāzān el faʾr (pl)	آذان الفأر
daisy	aqwaḥān (f)	أقحوان
poppy	el χoʃχāʃ (f)	الخشخاش
hemp	qanb (m)	قنب
mint	neʿnāʿ (m)	نعناع
lily of the valley	zanbaq el wādy (f)	زنبق الوادي
snowdrop	zahrat el laban (f)	زهرة اللبن
nettle	ʾarrāṣ (m)	قرّاص
sorrel	ḥammāḍ bostāny (m)	حمّاض بستاني
water lily	niloferiya (f)	نيلوفرية
fern	sarχas (m)	سرخس
lichen	aʃna (f)	أشنة
conservatory (greenhouse)	ṣoba (f)	صوبة
lawn	ʿoʃb aχḍar (m)	عشب أخضر
flowerbed	geneynet zohūr (f)	جنينة زهور
plant	nabāt (m)	نبات
grass	ʿoʃb (m)	عشب
blade of grass	ʿoʃba (f)	عشبة

leaf	wara'a (f)	ورقة
petal	wara'et el zahra (f)	ورقة الزهرة
stem	sāq (f)	ساق
tuber	darna (f)	درنة
young plant (shoot)	nabta saɣīra (f)	نبتة صغيرة
thorn	ʃawka (f)	شوكة
to blossom (vi)	fattaḥet	فتّحت
to fade, to wither	debel	ذبل
smell (odour)	rīḥa (f)	ريحة
to cut (flowers)	'aṭa'	قطع
to pick (a flower)	'aṭaf	قطف

146. Cereals, grains

grain	ḥobūb (pl)	حبوب
cereal crops	maḥaṣīl el ḥubūb (pl)	محاصيل الحبوب
ear (of barley, etc.)	sonbola (f)	سنبلة
wheat	'amḥ (m)	قمح
rye	ʃelm mazrū' (m)	شيلم مزروع
oats	ʃofān (m)	شوفان
millet	el deχn (m)	الدُخن
barley	ʃe'īr (m)	شعير
maize	dora (f)	ذرة
rice	rozz (m)	رزّ
buckwheat	ḥanṭa soda' (f)	حنطة سوداء
pea plant	besella (f)	بسلّة
kidney bean	faṣolya (f)	فاصوليا
soya	fūl el ṣoya (m)	فول الصويا
lentil	'ads (m)	عدس
beans (pulse crops)	fūl (m)	فول

COUNTRIES. NATIONALITIES

147. Western Europe

Europe	orobba (f)	أوروبّا
European Union	el etteḥād el orobby (m)	الإتّحاد الأوروبّي
Austria	el nemsa (f)	النمسا
Great Britain	briṭaniya el ʿozma (f)	بريطانيا العظمى
England	engeltera (f)	إنجلترا
Belgium	balʒīka (f)	بلجيكا
Germany	almānya (f)	ألمانيا
Netherlands	holanda (f)	هولندا
Holland	holanda (f)	هولندا
Greece	el yunān (f)	اليونان
Denmark	el denmark (f)	الدنمارك
Ireland	irelanda (f)	أيرلندا
Iceland	ʾāyslanda (f)	آيسلندا
Spain	asbānya (f)	إسبانيا
Italy	eṭālia (f)	إيطاليا
Cyprus	ʾobroṣ (f)	قبرص
Malta	malṭa (f)	مالطا
Norway	el nerwīg (f)	النرويج
Portugal	el bortoɣāl (f)	البرتغال
Finland	finlanda (f)	فنلندا
France	faransa (f)	فرنسا
Sweden	el sweyd (f)	السويد
Switzerland	swesra (f)	سويسرا
Scotland	oskotlanda (f)	اسكتلندا
Vatican City	el vatikān (m)	الفاتيكان
Liechtenstein	liʃtenʃtayn (m)	ليشتنشتاين
Luxembourg	luksemburg (f)	لوكسمبورج
Monaco	monako (f)	موناكو

148. Central and Eastern Europe

Albania	albānia (f)	ألبانيا
Bulgaria	bolɣāria (f)	بلغاريا
Hungary	el magar (f)	المجر
Latvia	latvia (f)	لاتفيا
Lithuania	litwānia (f)	ليتوانيا
Poland	bolanda (f)	بولندا

Romania	romānia (f)	رومانيا
Serbia	ṣerbia (f)	صربيا
Slovakia	slovākia (f)	سلوفاكيا
Croatia	kroātya (f)	كرواتيا
Czech Republic	gomhoriya el tʃīk (f)	جمهورية التشيك
Estonia	estūnia (f)	إستونيا
Bosnia and Herzegovina	el bosna wel harsek (f)	البوسنة والهرسك
North Macedonia	maqdūnia (f)	مقدونيا
Slovenia	slovenia (f)	سلوفينيا
Montenegro	el gabal el aswad (m)	الجبل الأسوّد

149. Former USSR countries

Azerbaijan	azrabiʒān (m)	أذربيجان
Armenia	armīnia (f)	أرمينيا
Belarus	belarūsia (f)	بيلاروسيا
Georgia	ʒorʒia (f)	جورجيا
Kazakhstan	kazaχistān (f)	كازاخستّان
Kirghizia	qirɣizestān (f)	قيرغيزستان
Moldova, Moldavia	moldāvia (f)	مولدافيا
Russia	rūsya (f)	روسيا
Ukraine	okrānia (f)	أوكرانيا
Tajikistan	ṭaʒīkistan (f)	طاجيكستان
Turkmenistan	turkmānistān (f)	تركمانستان
Uzbekistan	uzbakistān (f)	أوزبكستان

150. Asia

Asia	asya (f)	آسيا
Vietnam	vietnām (f)	فيتنام
India	el hend (f)	الهند
Israel	isra'īl (f)	إسرائيل
China	el ṣīn (f)	الصين
Lebanon	lebnān (f)	لبنان
Mongolia	manɣūlia (f)	منغوليا
Malaysia	malīzya (f)	ماليزيا
Pakistan	bakistān (f)	باكستان
Saudi Arabia	el so'odiya (f)	السعوديّة
Thailand	tayland (f)	تايلاند
Taiwan	taywān (f)	تايوان
Turkey	turkia (f)	تركيا
Japan	el yabān (f)	اليابان
Afghanistan	afɣanistan (f)	أفغانستان
Bangladesh	bangladeʃ (f)	بنجلاديش

Indonesia	indonisya (f)	إندونيسيا
Jordan	el ordon (m)	الأردن
Iraq	el ʻerāq (m)	العراق
Iran	iran (f)	إيران
Cambodia	kambodya (f)	كمبوديا
Kuwait	el kuweyt (f)	الكويت
Laos	laos (f)	لاوس
Myanmar	myanmar (f)	ميانمار
Nepal	nebāl (f)	نيبال
United Arab Emirates	el emārāt el ʻarabiya el mottaḥeda (pl)	الإمارات العربية المتّحدة
Syria	soria (f)	سوريا
Palestine	felesṭīn (f)	فلسطين
South Korea	korea el ganūbiya (f)	كوريا الجنوبيّة
North Korea	korea el ʃamāliya (f)	كوريا الشماليّة

151. North America

United States of America	el welayāt el mottaḥda el amrīkiya (pl)	الولايات المتّحدة الأمريكيّة
Canada	kanada (f)	كندا
Mexico	el maksīk (f)	المكسيك

152. Central and South America

Argentina	arʒantīn (f)	الأرجنتين
Brazil	el barazīl (f)	البرازيل
Colombia	kolombia (f)	كولومبيا
Cuba	kūba (f)	كوبا
Chile	tʃīly (f)	تشيلي
Bolivia	bolivia (f)	بوليفيا
Venezuela	venzweyla (f)	فنزويلا
Paraguay	baraguay (f)	باراجواي
Peru	beru (f)	بيرو
Suriname	surinam (f)	سورينام
Uruguay	uruguay (f)	أوروجواي
Ecuador	el equador (f)	الإكوادور
The Bahamas	gozor el bahāmas (pl)	جزر البهاماس
Haiti	haīti (f)	هايتي
Dominican Republic	gomhoriya el dominikan (f)	جمهوريّة الدومينيكان
Panama	banama (f)	بنما
Jamaica	ʒamayka (f)	جامايكا

153. Africa

Egypt	maṣr (f)	مصر
Morocco	el maɣreb (m)	المغرب
Tunisia	tunis (f)	تونس
Ghana	ɣana (f)	غانا
Zanzibar	zanʒibār (f)	زنجبار
Kenya	kenya (f)	كينيا
Libya	libya (f)	ليبيا
Madagascar	madaɣaʃkar (f)	مدغشقر
Namibia	namibia (f)	ناميبيا
Senegal	el senɣāl (f)	السنغال
Tanzania	tanznia (f)	تنزانيا
South Africa	afreqia el ganūbiya (f)	أفريقيا الجنوبيّة

154. Australia. Oceania

Australia	ostorālya (f)	أستراليا
New Zealand	nyu zelanda (f)	نيوزيلنّدا
Tasmania	tasmania (f)	تاسمانيا
French Polynesia	bolenezia el faransiya (f)	بولينزيا الفرنسيّة

155. Cities

Amsterdam	amesterdam (f)	امستردام
Ankara	ankara (f)	أنقرة
Athens	atīna (f)	أثينا
Baghdad	baɣdād (f)	بغداد
Bangkok	bangkok (f)	بانكوك
Barcelona	barʃelona (f)	برشلونة
Beijing	bekīn (f)	بيكين
Beirut	beyrut (f)	بيروت
Berlin	berlin (f)	برلين
Mumbai (Bombay)	bombay (f)	بومباى
Bonn	bonn (f)	بون
Bordeaux	bordu (f)	بوردو
Bratislava	bratislava (f)	براتيسلافا
Brussels	broksel (f)	بروكسل
Bucharest	buχarest (f)	بوخارست
Budapest	budabest (f)	بودابست
Cairo	el qahera (f)	القاهرة
Kolkata (Calcutta)	kalkutta (f)	كلكتا
Chicago	ʃikāgo (f)	شيكاجو
Copenhagen	kobenhāgen (f)	كوبنهاجن
Dar-es-Salaam	dar el salām (f)	دار السلام

Delhi	delhi (f)	دلهي
Dubai	dubaī (f)	دبي
Dublin	dablin (f)	دبلن
Düsseldorf	dusseldorf (f)	دوسلدورف
Florence	florensa (f)	فلورنسا
Frankfurt	frankfurt (f)	فرانكفورت
Geneva	ʒenive (f)	جنيف
The Hague	lahāy (f)	لاهاى
Hamburg	hamburg (m)	هامبورج
Hanoi	hanoy (f)	هانوى
Havana	havana (f)	هافانا
Helsinki	helsinki (f)	هلسنكي
Hiroshima	hiroʃīma (f)	هيروشيما
Hong Kong	hong kong (f)	هونج كونج
Istanbul	isṭanbul (f)	إسطنبول
Jerusalem	el qods (f)	القدس
Kyiv	kyiv (f)	كييف
Kuala Lumpur	kuala lumpur (f)	كوالالمبور
Lisbon	laʃbūna (f)	لشبونة
London	london (f)	لندن
Los Angeles	los anʒeles (f)	لوس أنجلوس
Lyons	lyon (f)	ليون
Madrid	madrīd (f)	مدريد
Marseille	marsilia (f)	مرسيليا
Mexico City	madīnet meksiko (f)	مدينة مكسيكو
Miami	mayami (f)	ميامي
Montreal	montreal (f)	مونتريال
Moscow	moskū (f)	موسكو
Munich	muniχ (f)	ميونخ
Nairobi	nayrobi (f)	نيروبي
Naples	naboli (f)	نابولي
New York	nyu york (f)	نيويورك
Nice	nīs (f)	نيس
Oslo	oslo (f)	أوسلو
Ottawa	ottawa (f)	أوتاوا
Paris	baris (f)	باريس
Prague	braɣ (f)	براغ
Rio de Janeiro	rio de ʒaneyro (f)	ريو دي جانيرو
Rome	roma (f)	روما
Saint Petersburg	sant betersburɣ (f)	سانت بطرسبرغ
Seoul	seūl (f)	سيول
Shanghai	ʃanghay (f)	شنجهاي
Singapore	sinɣafūra (f)	سنغافورة
Stockholm	stokχolm (f)	ستوكهولم
Sydney	sydney (f)	سيدني
Taipei	taybey (f)	تايبيه
Tokyo	ṭokyo (f)	طوكيو
Toronto	toronto (f)	تورونتو

Venice	venesya (f)	فينيسيا
Vienna	vienna (f)	فيينا
Warsaw	warsaw (f)	وارسو
Washington	waʃinṭon (f)	واشنطن

www.ingramcontent.com/pod-product-compliance
Lightning Source LLC
Chambersburg PA
CBHW070600050426
42450CB00011B/2913
* 9 7 8 1 7 8 7 1 6 7 1 4 8 *